ÄGYPTOLOGISCHE ABHANDLUNGEN

HERAUSGEGEBEN VON WOLFGANG HELCK

BAND 47

KATALOG DER ALTÄGYPTISCHEN PFLANZENRESTE DER BERLINER MUSEEN

VON

RENATE GERMER

1988

OTTO HARRASSOWITZ · WIESBADEN

KATALOG DER ALTÄGYPTISCHEN PFLANZENRESTE DER BERLINER MUSEEN

VON

RENATE GERMER

1988

OTTO HARRASSOWITZ · WIESBADEN

CIP-Titelaufnahme der Deutschen Bibliothek

Germer, Renate:
Katalog der altägyptischen Pflanzenreste der Berliner Museen / von Renate Germer. –
Wiesbaden : Harrassowitz, 1988
  (Ägyptologische Abhandlungen ; Bd. 47)
    ISBN 978-3-447-02788-5
NE : HST; GT

Otto Harrassowitz GmbH & Co. KG
Kreuzberger Ring 7c-d, D-65205 Wiesbaden
produktsicherheit.verlag@harrassowitz.de

INHALT

Technische Hinweise VII

Vorwort IX

1.   Einleitung . . . .

2.   Mumiengirlanden 3
2.1.   Die Girlanden des Neuen Reiches 3
2.1.1. Blumenschmuck der Königsmumien 4
2.1.2. Blumenschmuck der Frauenmumien aus dem Cachette von Deir el Bahari 11
2.1.3. Girlanden von Begräbnissen nicht königlicher Personen 13
2.2.   Mumienschmuck der griech.-röm. Zeit 14

3.   Papyrusstengel, Stabsträuße, Zweige und Blätter 21

4.   Ölpflanzen 26

5.   Aromatische Pflanzenteile 29

6.   Nahrungsmittel 32
6.1.   Getreide 32
6.2.   Hülsenfrüchte 35
6.3.   Palmfrüchte 36
6.4.   Obst 38
6.5.   Zwiebelgewächse 42
6.6.   Diverse Nahrungsmittel 43

7.   Flaschenkürbis 45

8.   Akazienteile 46

9.   Unkräuter 48

10.   Flechtwerk, Rohr, Binse, Papyrus 50

11.   Leinengewebe 52

12.   Schmuckketten aus Pflanzenteilen 53

13.   Hölzer 55

14.   Harze 57

15.   Unbestimmte Pflanzenteile 58

VI

Inhaltsübersicht

Karte von Ägypten 59

Zeittafel 60

Literaturangaben 61

Index der lateinischen Pflanzennamen 65

Index der deutschen Pflanzennamen 66

Index der Inventar-Nummern 68

Abbildungen 73

TECHNISCHE HINWEISE

Äg. M. Nr.   : Inventarnummer der Staatlichen Museen zu Berlin, Ägyptische Sammlung.
(SMPK)   : Das Objekt befindet sich jetzt im Ägyptischen Museum Berlin, Staatliche Museen Preußischer Kulturbesitz.
(SMZB)   : Das Objekt befindet sich jetzt in den Staatlichen Museen zu Berlin, Hauptstadt der Deutschen Demokratischen Republik, Ägyptisches Museum und Papyrussammlung.
S. Schw. Nr. : Sammlung Schweinfurth, Botanisches Museum Berlin-Dahlem.
*   : Die mit dem Stern gekennzeichneten Objekte sind durch Kriegseinwirkungen zerstört worden.

Die Stricheinteilungen auf den Photos sind immer mm.

Die Benennung der Museen erfolgte nach der offiziellen Bezeichnung der Museen am jeweiligen Standort.

VORWORT

Schweinfurth veröffentlichte 1908 die botanischen Funde von Abusir. In einem Brief an Keimer beklagte er sich darüber, daß die Ägyptologen nicht am Aussehen dieser Pflanzenreste interessiert wären und seine Zeichnungen nicht mit in die Publikation aufgenommen hätten.

Zum Glück hat sich diese Situation grundlegend geändert. Heute möchten die Ägyptologen, vor allem auch jüngere Studenten, die das Land und seine Flora noch nicht kennen, wissen, wie die einzelnen Früchte und Blumen aussehen, wenn sie in den Gräbern gefunden werden.

Um diesen Informationswunsch zu erfüllen, schien eine Publikation der in Berlin vorhandenen altägyptischen Pflanzenreste am geeignetsten zu sein. Durch die Gewährung eines einjährigen Forschungsstipendiums der Deutschen Forschungsgemeinschaft, für das ich mich an dieser Stelle recht herzlich bedanken möchte, war es möglich, das Material zu katalogisieren und photographisch aufzunehmen. In allen drei Museen, in denen ich gearbeitet habe, fand ich große Unterstützung. Vor allem möchte ich Herrn Dr. Butzin (Botanisches Museum Berlin-Dahlem), Frau Dr. Hannelore Kischkewitz (Staatliche Museen zu Berlin, Ägyptisches Museum) und Herrn Dr. Rolf Krauß (Ägyptisches Museum, Staatliche Museen Preußischer Kulturbesitz) für ihre Hilfe danken.

Die Photos dieses Kataloges wurden bis auf eine Ausnahme von mir mit sehr geringem technischem Aufwand selbst angefertigt. Sie entsprechen nicht in allen Fällen der Qualität, die heute von Publikationen erwartet wird. Unter den gegebenen Verhältnissen und aufgrund der Fülle des Materials war aber keine andere Arbeit möglich.

Das Gebiet der altägyptischen Flora ist so groß, daß selbstverständlich nicht einer allein sämtliche Pflanzengattungen genauer kennen kann. So wurden bei der Bestimmung einiger Pflanzen Kollegen um Mithilfe gebeten. In anderen Fällen mit noch nicht gesicherter Bestimmung ist dies im Text vermerkt. Ich hoffe sehr, daß sich Spezialisten eines Tages dieses Materials annehmen werden.

Auf ein botanisches Anordnungsprinzip bei der Publikation des in den Berliner Museen vorhandenen altägyptischen Pflanzenmaterials wurde absichtlich verzichtet. Auch wenn das Buch nur ein Katalog ist, sollte es doch wenigstens in weiten Teilen lesbar sein. Dies schien mir nur bei einer thematischen Ordnung des Materials gegeben zu sein. Wird vom Leser nur Information über eine spezielle Pflanze gesucht, so lassen sich die entsprechenden Stellen leicht über den Index finden.

Zwei Aufgaben hat dieser Katalog: Dem Ägyptologen soll er die Möglichkeit geben, die Pflanzenprodukte, von denen er in den Texten liest oder Darstellungen hat, im Original zu sehen. Den Studenten der Paläoethnobotanik, die an der altägyptischen Flora interessiert sind, kann der Katalog hoffentlich einen ersten Einstieg in die Arbeit mit diesem Material vermitteln.

1. EINLEITUNG

Die Anfänge der altägyptischen Pflanzensammlungen in Berlin reichen bis in die erste Hälfte des 19. Jahrhunderts zurück. Der Grundstein wurde von Joseph Passalacqua gelegt, der durch Grabungen in Ägypten eine Sammlung ägyptischer Altertümer zusammenstellte, die 1828 von den Königlichen Museen zu Berlin aufgekauft wurde. In dieser Sammlung befanden sich bereits Reste von 21 verschiedenen Pflanzenarten, meist Samen und Früchte, die als Versorgung der Toten für das Jenseits in die Gräber mitgegeben worden waren. Passalacqua beauftragte den Botaniker Kunth mit der Untersuchung und Bestimmung der Pflanzenreste, und die Ergebnisse publizierte Passalacqua schon 1826 in dem Katalog seiner Sammlung[1]. Leider sind aber bei diesen Pflanzenfunden weder die Fundumstände noch eine genaue Datierung bekannt.

Diese Situation änderte sich glücklicherweise bald, da man erkannte, daß Material unbekannter Herkunft für die wissenschaftliche Forschung fast wertlos ist. Von der Mitte des 19. Jahrhunderts an bis zum Beginn des Ersten Weltkrieges kam zahlreiches Pflanzenmaterial von den deutschen Grabungen in die Ägyptische Sammlung Berlins. Auch einige Privatleute schenkten dem Museum Material, das sie in Ägypten erworben hatten.

Daß aber die Sammlung altägyptischer Pflanzenmaterialien in Berlin zu einer der bedeutendsten außerhalb Ägyptens wurde, verdankt sie einem Mann, dem Botaniker und Afrikaforscher Georg Schweinfurth (1836–1925). Dieser brachte von seinen zahlreichen Ägyptenreisen eine große Menge an Pflanzenresten: Früchte, Samen, Girlanden und Stabsträuße mit nach Berlin, die er bestimmte und präparierte. Durch seine freundschaftlichen Kontakte zu Gaston Maspero, dem damaligen Leiter der ägyptischen Altertümerverwaltung, erhielt er zahlreiche Pflanzenreste aus den frühen großen Grabungen in Ägypten. Mit der botanischen Bearbeitung dieser Pflanzen, die sich in zahlreichen Publikationen niederschlug, versuchte Schweinfurth, die Flora des pharaonischen Ägypten zu rekonstruieren.

Von besonderer Bedeutung waren seine Arbeiten an den Blumengirlanden, die im Königsmumienversteck von Deir el Bahari 1881 gefunden wurden, sowie den Pflanzenresten aus dem zweiten Königsmumienversteck im Grab Amenophis' II.

Schweinfurth schickte einige der präparierten Königsmumiengirlanden an die Museen in Kairo, Leiden, Paris und London, und einige schenkte er dem Ägyptischen Museum Berlin. Einen großen Teil aber behielt er in seiner privaten Sammlung, die nach seinem Tode 1925 vom Botanischen Museum Berlin-Dahlem erworben werden konnte.

Der Zweite Weltkrieg riß leider in die Sammlung des Ägyptischen Museums große Lücken, und heute ist das Material auf zwei Museen verteilt, Staatliche Museen Preußischer Kulturbesitz, Ägyptisches Museum und Staatliche Museen zu Berlin, Ägyptisches Museum und Papyrussammlung.

Die Privatsammlung Schweinfurths, die rund 500 verschiedene Funde enthält, überstand glücklicherweise den Krieg ohne Schäden. Ein Schauraum des Botanischen Museums Berlin-Dahlem zeigt einige Stücke der Sammlung, die anderen werden im Magazin aufbewahrt.

Es ist das Schicksal altägyptischer Pflanzenreste, die in den Gräbern Jahrhunderte, z.T. Jahrtausende ohne Schaden überdauerten, daß sie im deutschen Klima leiden, und in manchen Fällen ist ihr

Zerfall abzusehen. Auch aus diesem Grunde war es angezeigt, die Sammlungen zu bearbeiten und zu publizieren.

Die botanische Bestimmung der Objekte in der Sammlung Schweinfurth war von ihm selbst durchgeführt worden, sowie vieler Objekte des Ägyptischen Museums. Die Bestimmungen wurden überprüft, fehlende ergänzt und die Nomenklatur auf modernen Stand gebracht. Als Grundlage für die Benennung dienten die Arbeiten von Vivi Täckholm[2].

Die Sammlungen altägyptischen Pflanzenmaterials geben einen Eindruck von der natürlichen Flora und den Kulturpflanzen des Alten Ägypten in dem Zeitraum von etwa 3000 v.Chr. bis 300 n.Chr. Sie vermitteln einen sehr guten Einblick in die Ernährungsgewohnheiten im Niltal und in die Einbürgerung neuer Kulturpflanzen zu den verschiedenen Zeiten der ägyptischen Geschichte. Darüber hinaus zeigen sie aber auch die weiten Handelsbeziehungen Ägyptens nach Palästina und in das Innere Afrika. Die zahlreichen Grabgirlanden vermitteln uns einen Eindruck von den Bestattungsriten und den religiösen Vorstellungen.

Auch wenn der museale Schauwert von Pflanzenresten vielfach nicht sehr hoch eingeschätzt wird, sollte man doch überlegen, ob man nicht auch dieses altägyptische Kulturgut dem Besucher nahe bringen kann, da Pflanzen viel über das tägliche Leben im Alten Ägypten aussagen.

2. MUMIENGIRLANDEN

Mit dem Beginn der 18. Dyn. taucht in Ägypten die Sitte auf, die Mumien mit Gewinden aus Blüten, Blättern und bunten Früchten zu schmücken. Dieser Brauch hält sich bis in die frühchristliche Zeit hinein. Die Herstellungstechnik und die Zusammensetzung dieser Girlanden veränderte sich nicht vom Beginn des Neuen Reiches bis in die griechische Epoche. Erst als unter den Ptolemäern zahlreiche Griechen nach Ägypten kamen, die eigene Sitten und Gebräuche wie auch neue Kulturpflanzen nach Ägypten mitbrachten, wurden neue Kranzarten aus anderen Pflanzen und mit neuen Bindetechniken in Ägypten modern.

2.1. Die Girlanden des Neuen Reiches

Das Grundmaterial für die Grabgewinde dieser Zeit bildeten die grünen, ledrigen Blätter von drei Baumarten:

Persea (Mimusops schimperi Hochst.),
Ölbaum (Olea europaea L.),
Ägyptische Weide (Salix subserrata Willd.).

Diese Blätter faltete man über dünne Dattelpalmblattstreifen und nähte sie mit dem gleichen Material zusammen. Je nach Jahreszeit arbeiteten die ägyptischen Kranzbinder dann bunte Blumen mit in das Gewinde ein.

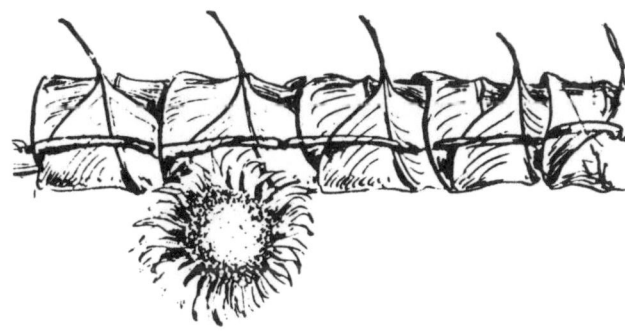

Girlande aus Perseablättern und einer Kornblume (Nach Schweinfurth[3])

Um die kompakten Blütenstände der Korbblütler Kornblume (Centaurea depressa Bieb.), Kronwucherblume (Chrysanthemum coronarium L.), Saflor (Carthamus tinctorius L.) und die kugeligen der Nilakazie (Acacia nilotica [L.] Willd. ex Del.) zu befestigen, schob man den Blütenstandsstiel unter den Dattelpalmblattstreifen. Die Blüten des Orientalischen Rittersporn (Delphinium orientale Gay.) und der Sesbania sesban (L.) Merrill kamen als Ganzes unter den Dattelpalmblattstreifen und vom Klatschmohn (Papaver rhoeas L.) und der Stockrose (Alcea ficifolia L.) nur einzelne Blütenblätter. Auch von dem Weißen und Blauen Lotus (Nymphaea lotus L. und N. coerulea Sav.) verwendete man nur einzelne Blütenblätter. Sie wurden gleich mit in das grüne Blatt eingefaltet, so daß in der fertigen Girlande die Spitzen der weißen oder hellblauen Nymphaea-Blütenblätter über das grüne Blatt herausragten.

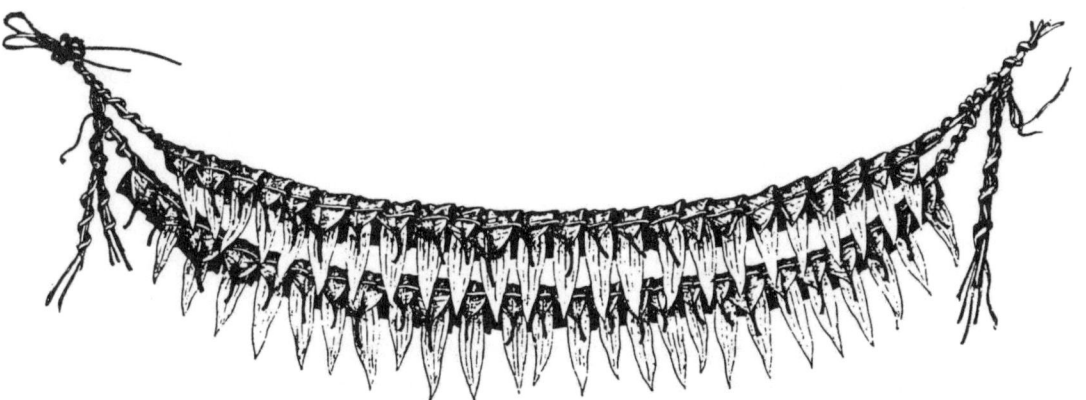

Girlande aus Mimusops-Blättern und Blütenblättern des Blauen Lotus (Nach Schweinfurth[4])

Um nun den Blumenschmuck für eine Mumie herzustellen, legte man die einzelnen Girlanden in Halbkreisen untereinander und faßte die Enden der Dattelpalmblattstreifen zusammen. An den Enden wurde dann noch eine Schnur aus gedrehten Dattelpalmblattstreifen angeflochten zum Befestigen des Blumenschmucks um den Hals oder die Brust der Mumie. Darüber hinaus war es aber auch üblich, einzelne Girlandenstränge einfach auf der Mumie aufzuschichten, so daß der ganze Sarg damit ausgefüllt war. Wenn auch kein Unterschied in der Herstellungsart und der Zusammensetzung der Girlanden von königlichen und privaten Begräbnissen bestand, soll doch wegen seiner besonderen Bedeutung der Blumenschmuck der Königsmumien gesondert behandelt werden.

2.1.1. Blumenschmuck der Königsmumien

Am 6. Juli 1881 öffnete Emil Brugsch das Königsmumien-Cachette von Deir el Bahari. Es enthielt außer den Mumien der thebanischen Hohenpriesterfamilie der 21. Dyn. die Mumien von 9 Pharaonen der 17.–20. Dyn. sowie einige ihrer Familienmitglieder. Viele der Särge waren offen, weil moderne Grabräuber die Mumien nach Papyri und Schmuck durchwühlt hatten. Dabei waren die Blumengirlanden aus den Särgen gerissen und auf den Boden geworfen worden, so daß Maspero über seinen Besuch im Januar 1882 im Cachette schrieb[5]: „... nous ramassâmes encore dans le

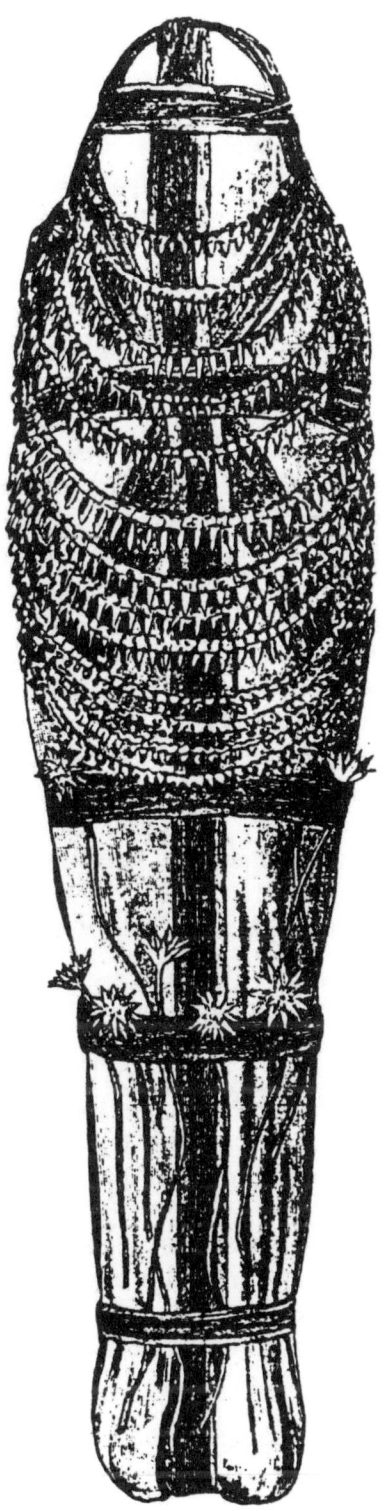

Mumie mit Girlanden (Nach Schweinfurth[4])

couloir des guirlandes de fleurs …". Brugsch mußte im Juli 1881 aus Sicherheitsgründen die Königsmumien so schnell wie möglich bergen und konnte keinen genauen Fundbericht anfertigen. Bei späteren Untersuchungen der Mumien in Kairo stellte sich heraus, daß die Mumien aller Pharaonen bereits im Neuen Reich von Grabräubern stark beschädigt worden waren. Inschriften auf den Särgen und Mumienbinden zeigten, daß die Hohenpriester des Amun in Theben zu verschiedenen Zeiten die alten Königsmumien restaurieren ließen. Die äußeren Mumienbinden und Leinentücher aller Pharaonenmumien aus dem Cachette stammen also aus der 21. Dyn., und man kann davon ausgehen, daß auch der Blumenschmuck in dieser Zeit auf die Mumien gelegt worden war.

Ganz ähnlich ist die Situation bei den Königsmumien aus dem Grab Amenophis' II., das Loret am 9. März 1898 öffnete[6]. In der offenen Sarkophagwanne lag der Sarg Amenophis' II. mit der Mumie dieses Pharaos. Eine Seitenkammer des Grabes enthielt die Mumien von weiteren 9 Pharaonen der 18.–20. Dyn., von denen die meisten nicht mehr in ihren Originalsärgen lagen. Auch sie waren von Grabräubern beschädigt und in der 21. Dyn. neu eingewickelt worden.

Über die Zuordnung einiger Königsmumien zu bestimmten Königen besteht in manchen Fällen Unklarheit, da Inschriften entweder ganz fehlen oder nur auf dem Sarg und nicht auf der Mumie selbst standen. Um den Wahrscheinlichkeitsgrad der einzelnen Identifizierungen ein bißchen zu verdeutlichen, werden im folgenden bei den einzelnen Königsmumien mit Blumenschmuck auch die Kriterien genannt, die zu ihrer Identifizierung geführt haben.

Es war ein glücklicher Umstand, daß Maspero Schweinfurth mit der Aufgabe betraute, den Blumenschmuck der Pharaonenmumien zu bearbeiten. Mehrmals erhielt Schweinfurth in Kairo Kästchen mit Blütengirlanden, die er in mühevoller Arbeit nach dem Einweichen in lauwarmem Wasser sorgfältig präparierte und auf Pappen aufklebte. Viele der so präparierten Girlanden schickte Schweinfurth an europäische Museen, so daß sich heute Teile des pharaonischen Blumenschmuckes außer in Kairo in Paris, Leiden, London und Berlin befinden.

An Hand dieses Materials und den Protokollen vom Auswickeln der einzelnen Königsmumien läßt sich die Zusammensetzung des Blumenschmucks mehrerer königlicher Mumien rekonstruieren.

Als weitere Informationsquelle konnte ich einige Notizen von Keimer und Schweinfurth nutzen, die sich im Keimer-Nachlaß im DAI Kairo befinden[7].

CG 61057 Ahmose   Cachette Deir el Bahari

Durch mehrere Aufschriften auf dem Sarg und den Leinenbinden ist diese Mumie als Ahmose ausgewiesen. Auf einer Leinenbinde, die fast direkt an der Haut klebte, befand sich eine Aufschrift mit der Kartusche seines Sohnes Amenophis I. Am 9. 6. 1886 wickelte Maspero die Mumie des Ahmose in Kairo aus.

Auf der Brust der Mumie lag ein Blumenschmuck, der aus acht Girlandensträngen[8] bestand, in Halbkreisen untereinander angeordnet. Die Enden der einzelnen Girlanden waren zusammengefaßt und an einer Schnur aus Dattelpalmblattstreifen befestigt, die um den Hals der Mumie ging. Die Zusammensetzung der einzelnen Girlanden war unterschiedlich und kann nur z. T. rekonstruiert werden.

1. Eine Girlande bestand aus Weidenblättern (Salix subserrata Willd.) über Dattelpalmblattstreifen gelegt. In das gefaltete Weidenblatt waren dann immer abwechselnd gelbe Blütenköpfchen der Nilakazie (Acacia nilotica [L.] Willd. ex Del.) und einzelne rosaviolette Blütenblätter der Stockrose (Alcea ficifolia L.) geschoben.
   Teilstück der Girlande S. Schw. Nr. 250[9] (Abb. 1). –

2. Eine ganz ähnliche Girlande enthielt als farbigen Bestandteil abwechselnd die blauen Blüten des Rittersporn (Delphinium orientale Gay.) und die rosavioletten Blütenblätter der Stockrose (Alcea ficifolia L.).

Teilstück des Gehänges S. Schw. Nr. 249[9]. –

3. Andere Girlandenstränge bestanden nur aus Weidenblättern mit Akazienblüten[10] oder Weidenblättern mit den Blütenblättern der Alcea ficifolia L.

Teilstück der Girlande Äg. M. Nr. 8485[*]. –

4. Weitere Bestandteile des Blumenschmucks waren die Blätter der Mimusops schimperi Hochst. und Blütenblätter des Weißen und Blauen Lotus[8] (Nymphaea lotus L. und N. coerulea Sav.) sowie Blüten der Sesbania sesban (L.) Merrill.

Sesbania sesban (L.) Merrill Büten von dieser Mumie S. Schw. Nr. 304[9]. –

Außer mit diesem Brustschmuck aus acht Girlanden war die Mumie des Ahmose vermutlich noch mit vollständigen Seerosenblüten geschmückt gewesen, denn im Sarg befanden sich noch einige Blütenstiele des Blauen Lotus sowie zahlreiche einzelne Blütenblätter beider Seerosenarten[8].

Nach den von Muschler angegebenen Blühdaten der einzelnen Blüten muß die Mumie des Ahmose im März mit Blumenschmuck versehen worden sein.

CG 61058 *Amenophis I.* Cachette Deir el Bahari

Auf dem Sarg befanden sich zwei Inschriften, die den Namen Imnḥtp Ḏsr-k3-Rˁ nannten, außen auf der Mumie war keine Inschrift sichtbar. Da die Mumie in sehr schöner Weise in der 21. Dyn. restauriert worden und noch in ein vollständig intaktes orangefarbenes Leinentuch gehüllt war, entschloß sich Maspero, die Mumie nicht auszuwickeln. Den ganzen Hohlraum im Sarg zwischen Mumie und Deckel füllten einzelne Girlandenstreifen aus, die aber nicht zu größeren Gewinden zusammengebunden waren.

Viele der Girlanden bestanden aus Weidenblättern (Salix subserrata Willd.) mit den gelben Blütenköpfchen der Nilakazie (Acacia nilotica [L.] Willd. ex. Del.).

Teilstücke der Girlande Äg. M. Nr. 8484[*9], S. Schw. Nr. 224 (Abb. 2). –

Andere enthielten als farbigen Anteil die braunroten Blüten des Saflor (Carthamus tinctorius L.)[9] oder die rosavioletten Blütenblätter der Alcea ficifolia L.[8].

Weiterhin hatten manche Girlandenstreifen die sehr verbreitete Zusammensetzung aus Mimusopsblättern und Blütenblättern des Weißen und Blauen Lotus (Nymphaea lotus L. und N. coerulea Sav.)[8].

Mimusops schimperi Hochst. Blätter S. Schw. Nr. 233. –

Die anderen von Maspero[5] und nach ihm von Smith[11] angegebenen Blüten Rittersporn (Delphinium orientale Gay.) und Sesbania sesban (L.) Merrill befanden sich nicht in den Girlanden von Amenophis I., sondern nur in denen des Ahmose.

Die Herstellung des Blumenschmucks muß in den Monaten März–April erfolgt sein.

CG 61066 *Thutmosis II.* Cachette Deir el Bahari

Auf dem äußersten Leinentuch der Mumie stand der Name Thutmosis' II. Auch diese Mumie war mit zahlreichen Girlanden geschmückt, von denen aber keine Reste erhalten sind und von denen nicht bekannt ist, welche Pflanzen sie enthielten.

Am 1. 7. 1886 wickelte Maspero die Mumie Thutmosis' II. in Kairo aus.

CG 61069   Amenophis II.   Grab Amenophis' II.

Die Mumie Amenophis' II. lag bei ihrer Entdeckung am 9. März 1898 noch in dem originalen
Sarkophag in ihrem Grab und trug auf der Brust eine Inschrift mit dem Namen Amenophis' II. In
seinem Fundbericht beschreibt Loret[6] die Lage des Blumenschmucks. Auf dem Holzsarg in der
offenen Sarkophagwanne befand sich am Kopfende ein „bouquet de fleurs" und auf dem Fußende
„une couronne de feuillage". Nach Daressy im CG Nr. 24855 B handelt es sich dabei um Sykomorenzweige und Reste einer nicht bestimmten Pflanze. Als er den Sargdeckel entfernte, blickte Loret
auf die Mumie Amenophis' II., „... portant au cou une guirlande de feuilles et fleurs et sur la
poitrine un petit bouquet de mimosa." Nicht ganz damit in Einklang zu bringen ist die Bemerkung
Daressys CG Nr. 24855 A, daß sich auf den Füßen der Mumie zwei Sträuße von Sykomorenzwei-
gen befunden hätten, eine Girlande aus Blättern und Blüten erwähnt er gar nicht. Der Fundbericht
Lorets scheint in diesem Fall aber genauer zu sein.

Wenn auch Loret angibt, die Girlanden von der Mumie für Schweinfurth in einer kleinen Kiste
bereitgestellt zu haben, ist leider nichts von den Girlanden, weder von dem Holzsarg noch von der
Mumie selbst, erhalten, und Schweinfurth hat dazu auch keine Angaben gemacht.

Schweinfurth besuchte schon am 22. März 1898 das Grab und schrieb dazu[8]: „Als ich am 22. März
1898 das Grab Amenophis' II. besuchte, waren alle Gegenstände noch an Ort und Stelle, d. h. in
dem wirren Durcheinander befindlich, wie ihn die Grabplünderer der 20. oder 21. Dyn. zurückge-
lassen hatten. Ich fand in dem offenen, seines Deckels beraubten Sarkophages auf dem Holzsarg
(dem innersten, der allein übrig geblieben war) der Königsmumie zusammenliegend eine Handvoll
Blattzweige hingelegt, am oberen Ende des Sarges, Kopfende". Schweinfurth bestimmte die Blattzweige als Conyza dioscorides Desf. Sie waren vermutlich die Pflanzen, die außer den Sykomoren-
zweigen noch mit auf dem Sarg lagen, von Daressy als „Reste einer anderen Pflanze" bezeichnet.

Blattzweige der Conyza dioscorides Desf. S. Schw. Nr. 49 (Abb. 5) und 219; Äg. M. Nr. 14217
(SMZB). –
Conyza dioscorides Desf. ist ein stark aromatisch riechendes Kraut, das auch als Heilmittel genutzt
wurde.

Am 17. Januar 1902 untersuchte Maspero, im Beisein von Carter[12], von Bissings und Lacaus die
Mumie Amenophis' II., die im Grab belassen war. Grabräuber hatten einige Wochen zuvor die
Mumie bei einem Einbruch stark beschädigt. Beim Auswickeln des Kopfes stellte man fest, daß die
Mumie ursprünglich direkt auf dem Kopf einen Kranz aus Laubblättern getragen haben mußte, der
dann mit eingewickelt worden war. An den Haaren klebten noch Reste von Laubwerk. Eine botani-
sche Bestimmung dieser Blätter erfolgte leider nicht.

CG 61074   Amenophis III.   Grab Amenophis' II.

Sowohl auf dem Deckel des Sarges als auch auf der Mumie selbst stand in Tintenaufschrift der Name
Amenophis' III. Der Sarg bestand allerdings aus Ober- und Unterteil, die nicht zusammenpaßten.
Der ursprüngliche Besitzer der Sargwanne war Ramses III. gewesen, dessen Mumie im Cachette von
Deir el Bahari im Sarg der Königin Ahmes-Nefertari der 18. Dyn. gefunden wurde. Der Sargdeckel
trug die Kartusche Sethos' II., dessen Mumie nur im Sargunterteil im Grab Amenophis' II. lag.

Auf der Brust der Mumie Amenophis' III. lagen zerbrochene Blumengirlanden, von denen aber
nichts erhalten ist, und die Fundberichte erwähnen leider auch nicht, aus welchen Blüten und Blättern sie gefertigt waren.

Smith wickelte die Mumie Amenophis' III. am 23. 9. 1905 aus[11].

CG 61077   Sethos I.   Cachette von Deir el Bahari

Auf dem Sarg befanden sich drei hieratische Inschriften, die den Besitzer als Sethos I. auswiesen, den gleichen Namen trug ein Leinentuch der Mumie, das nach dem Entfernen von 6 Bindenschichten zutage kam[5].

Das Protokoll vom Auswickeln der Mumie am 9. Juni 1886[5] erwähnt keinen Blumenschmuck. In der Sammlung Schweinfurth befinden sich aber zahlreiche gut erhaltene Blüten des Blauen Lotus (Nymphaea coerulea Sav.), die von der Mumie Sethos' I. stammen. Die Blüten waren nicht in Girlanden eingeflochten, sondern entweder mit den Stielen unter die Mumienbinden gesteckt oder lose in den Sarg gelegt.

Blüten der Nymphaea coerulea Sav. von der Mumie Sethos' I. S. Schw. Nr. 258 (Abb. 3). –

CG 61078   Ramses II.   Cachette von Deir el Bahari

Außer der Kartusche Ramses' II. standen noch zwei Tintenaufschriften, die den Namen Ramses' II. erwähnen, auf dem Holzsarg und eine auf einem Leinenstück unter mehreren Bindenschichten.

In seinem Bericht vom Auswickeln der Mumie am 1. Juni 1886 erwähnt Maspero[5] keine Blütengirlanden. Nach den in den Museen von Kairo, Paris, London, Leiden und Berlin aufbewahrten Resten, muß die Mumie Ramses' II. aber mit zahlreichen Girlanden geschmückt gewesen sein. Allein im Ägyptischen Museum Berlin befanden sich unter 5 Inventar-Nummern Teile dieser Gewinde, von denen aber leider 4 verlorengegangen sind. Die Sammlung Schweinfurth enthält noch 3 Teile der Girlanden.

Die Zusammensetzung der Girlanden von der Mumie Ramses' II. war relativ einfach. Die meisten Stränge bestanden aus Mimusopsblättern mit Blütenblättern des Blauen Lotus (Nymphaea coerulea Sav.), einige auch mit denen des Weißen Lotus (Nymphaea lotus L.)[13]. In frischem Zustand muß dieser Mumienschmuck aus Reihen von dunkelgrünen Mimusopsblättern mit weißen oder hellblauen Seerosenblütenblättern sehr schön ausgesehen haben.

Gewindeteile aus Mimusops schimperi Hochst. Blättern und Blütenblättern der Nymphaea coerulea Sav. Äg. M. Nr. 8477*, 8478*, 8489*, 9919 (SMPK), S. Schw. Nr. 229, 230 und 238. –

Gewindeteil aus Mimusops schimperi Hochst. Blättern und Blütenblättern der Nymphaea lotus L. Äg. M. Nr. 8480*. –

Außer mit Blütengirlanden war die Mumie noch mit einzelnen vollständigen Blüten des Blauen Lotus (Nymphaea coerulea Sav.) geschmückt gewesen.

Blüten der Nymphaea coerulea Sav. von der Mumie Ramses' II. Äg. M. Nr. 8479*, 8482*, 10982a*, S. Schw. Nr. 259[9]. –

Als die Mumie Ramses' II. 1975 in Paris sehr genau untersucht wurde, entdeckte man rund um den Hals, direkt an der Haut klebend, winzige Reste von Zwiebelschalen der Tazette (Narcissus tazetta L.). Auch an anderen Mumien hatte man schon Zwiebelschalen gefunden, z. B. bei der Nes-Chonsu Crinum Schalen auf den Augen, dem Mund und dem Mumifizierungsschnitt (siehe dazu unter Crinum). In der Nasenhöhle konnten mit Spezialröntgenaufnahmen Pfefferkörner (vermutlich Piper nigrum L.) nachgewiesen werden, ebenso Reste davon in der Leibeshöhle zusammen mit Samenfragmenten der Koloquinthe (Citrullus colocynthis [L.] Schrad.)[14].

CG 61079   Merenptah   Grab Amenophis' II.

Gefunden wurde diese Mumie in der Sargwanne des Sethnacht, dessen Mumie entweder nicht erhalten oder bisher noch nicht identifiziert ist. Auf der Brust der Mumie befand sich eine sehr schlecht lesbare Kartusche in Tinte. Loret hatte zuerst diesen Namen als Echnaton gelesen, bei einer erneuten Untersuchung in Kairo stellte sich aber heraus, daß es sich bei der Inschrift doch um den Namen Merenptahs handelt.

Am 8. Juli 1907 wurde die Mumie von Smith ausgewickelt[11]. Loret schrieb in seinem Fundbericht[6], daß diese Mumie einige „tiges d'ombellifère" um den Hals trug. Schweinfurth bestimmte die Umbellifere später als Dill (Anethum graveolens L.). Wie im Falle Amenophis' II., auf dessen Sarg sich Blätter der Conyza dioscorides Desf. befanden, hatte man hier auf die Mumie Merenptahs stark aromatisch duftende Zweige gelegt. Ähnliches kennen wir auch von anderen Mumien, so trug z. B. die Mumie des Ḳent (19. Dyn.)[15] Sellerieblätter (Apium graveolens L.) um den Hals und eine unbenannte Mumie Pfefferminzblätter (Mentha spec.)

Anethum graveolens L. Zweige von der Mumie Merenptahs S. Schw. Nr. 22 (Abb. 6). –

CG 61080   Siptah   Grab Amenophis' II.

Die Mumie des Siptah lag in einem Sarg, der auf dem Deckel den Namen des Siptah trug, und dieser stand ebenfalls auf den Leinenbinden der Mumie in der Höhe der Beine. Smith wickelte die Mumie am 19. 8. 1905 aus[11].

Nach Daressy[16] lag um das Kopfende des Sarges eine Girlande aus gefalteten Blättern, die aber von Loret[6] in seinem Fundbericht nicht erwähnt wird. Die botanische Zusammensetzung der Girlande nennt Daressy leider nicht.

CG 61067   Mumie eines unbekannten Mannes „C"   Cachette von Deir el Bahari

Die Mumie dieses Mannes befand sich in dem Sarg des Nib-soni, der in der 21. Dyn. lebte. Die Mumie zeigt aber ganz deutlich die Mumifizierungstechnik der 18. Dyn. Da sich an der Mumie, die Maspero am 17. Juni 1886 auswickelte, keine Inschriften befanden, ist unbekannt, wer der Mann gewesen war[5].

Auf der Mumie lagen zahlreiche Blätter der Wassermelone Citrullus lanatus (Thunb.) Matsum. et Nakai[9], die sich jetzt in Kew befinden[17]. Die Sammlung Schweinfurth enthält nur noch einige Ranken.

Citrullus lanatus (Thunb.) Matsum. et Nakai, Ranken S. Schw. Nr. 370. –

Gewindeteile von verschiedenen Königsmumien

Salix subserrata Willd. Blätter, Chrysanthemum coronarium L. Blütenköpfchen, Centaurea depressa Bieb. Blütenköpfchen, Gewindeteile, Äg. M. Nr. 10982*, Brugsch 1891. –

Nymphaea coerulea Sav. Blütenreste Äg. M. Nr. 11990 (SMPK), (Bruch), S. Schw. Nr. 255. –

2.1.2. Blumenschmuck der Frauenmumien aus dem Cachette von Deir el Bahari

In den Königsmumienverstecken von Deir el Bahari und dem Grab Amenophis' II. waren nicht sehr viele Mumien von Königinnen beigesetzt.

Das Grab Amenophis' II. enthielt insgesamt nur drei Frauenmumien. Zwei Mumien, die einer älteren (CG 61070) und einer jüngeren Frau (CG 61072) lagen auf dem Boden einer Seitenkammer. Beide waren völlig ausgeraubt und durch Grabräuber stark beschädigt. In der Kammer der Pharaonenmumien befand sich in dem umgekehrt liegenden Sargdeckel des Sethnacht eine Frauenmumie, die sehr nachlässig bandagiert war. In ihrem Abdomen klaffte ein großes, durch Grabräuber verursachtes Loch. Es fehlten jegliche Inschriften, wer diese Frau sein könnte[6].

Im Cachette von Deir el Bahari befanden sich mehrere Frauenmumien. Da das Cachette ursprünglich das Grab der Königin Anhapi vom Übergang der 17. zur 18. Dyn. war, ruhten dort auch einige Frauenmumien der königlichen Familie der frühen 18. Dyn. In der 21. Dyn. diente das Cachette dann als Familiengrab der Hohenpriester des Amun von Theben, und mehrere Frauen der Hohenpriester sowie andere Verwandte wurden dort beigesetzt.

CG 61053 Anhapi[18]   Cachette von Deir el Bahari

Die Mumie lag im Sarg der Raj, Amme der Königin Ahmes-Nefertari. Die Tintenaufschrift auf der Mumie war nur noch sehr schwach erkennbar, und Maspero glaubte, die Inschrift als Anhapi entziffern zu können[5].

Maspero wickelte die Mumie dieser Frau am 20. 6. 1886 in Kairo aus. Außen auf dem Hals der Mumie lag eine Blumengirlande, über deren Zusammensetzung nichts bekannt ist. Reste davon sind auch nicht erhalten.

CG 61063 Sitkamose   Cachette von Deir el Bahari

In einem vermutlich aus der 20. Dyn. stammenden Sarg lag die Mumie der Sitkamose. Der Name der ursprünglichen Besitzerin des Sarges war nicht mehr zu erkennen. Die Mumie trug auf der Brust eine Inschrift mit Titel und Namen der Königin Sitkamose. Direkt unter dem äußersten Leinentuch befand sich eine weitere Inschrift, die die Frau als Königin Ahmes-Sitkamose bezeichnete.

Maspero[5] berichtet, daß vor dem Auswickeln am 19. 6. 1886 die Mumie „... enveloppée de guirlandes ..." war, ohne genaueres über die Girlanden anzugeben. Von diesem Blumenschmuck ist nichts erhalten.

CG 61076 Mumie einer Frau   Cachette von Deir el Bahari

Unter dieser Katalognummer befindet sich im Kairener Museum die Mumie einer jungen Frau, die vermutlich aus der 18. Dyn. stammt[11]. Die Tintenaufschrift auf der Mumie war nicht mehr lesbar. Auch diese Mumie trug Girlanden unbekannter Zusammensetzung[5].

CG 61095 Nes-Chonsu   Cachette von Deir el Bahari

Sowohl auf dem Sarg als auch auf der Mumie stand der Name Nes-Chonsu, der Frau des Hohenpriesters des Amun Pajnodem II.[19]. Maspero wickelte die Mumie am 27. 6. 1886 nur teilweise aus und Smith[11] entfernte 1906 die restlichen Mumienbinden. Dabei kamen Blumengirlanden zu Tage, die mit zu den schönsten uns aus dem Alten Ägypten erhaltenen gehören.

Die Mumie muß ursprünglich mit zahlreichen Girlanden geschmückt gewesen sein, denn heute besitzen die Museen in Kairo, London, Leiden und Berlin Reste davon.

Der Blumenschmuck der Nes-Chonsu bestand aus vier verschiedenen Girlandenarten, wobei in das grüne Blatt jeweils immer nur eine Blütenart eingeflochten war[9]:

1. Blätter der Mimusops schimperi Hochst. mit den hellblauen Blütenblättern der Nymphaea coerulea Sav.
   Äg.M. Nr. 8481*. –
2. Weidenblätter (Salix subserrata Willd.) mit den gelben Blütenköpfchen der Picris asplenioides L.
   Äg.M. Nr. 8482*. –
3. Weidenblätter (Salix subserrata Willd.) mit blauen Blütenköpfchen der Kornblume (Centaurea depressa Bieb.)
   Äg.M. Nr. 8483*, S.Schw. Nr. 36 und 38. –
4. Weidenblätter (Salix subserrata Willd.) mit roten Blütenblättern des Klatschmohns (Papaver rhoeas L.)
   Äg.M. Nr. 8487*, S.Schw. Nr. 248. –

Diese Girlanden lagen auf der Mumie, in welcher Anordnung ist nicht bekannt.

Als Smith 1906 die Mumie vollständig auswickelte, entdeckte er, daß zusätzlich noch die Füße mit Blumen geschmückt waren. Unter einigen Mumienbindenschichten kamen zwei Girlanden zu Tage, die jeweils um den großen Zeh gewickelt waren. Ihre botanische Zusammensetzung ist nicht bekannt. Auf der Oberseite des linken Fußes lag eine Blume, nach Smiths Beschreibung mit einem langen Stiel. Dabei kann es sich eigentlich nur um eine der beiden Seerosenarten Ägyptens handeln. Eine gleiche Blume war um das linke Fußgelenk gelegt.

Augen, Mund und den Mumifizierungsschnitt bedeckten Zwiebelschalen einer Crinum-Art. Crinum spec. Schalenstücke, S.Schw. Nr. 54. –

Eine Artbestimmung dieser Zwiebelschalen ist bis heute noch nicht gelungen, die Gattung läßt sich aber mit großer Wahrscheinlichkeit als Crinum spec. festlegen.

Das erste Gutachten über diese Zwiebelschalen gab Prof. Volkens im Oktober 1886[8]: „Die Zwiebelschalen lassen sich mit einer gewissen Sicherheit als zur Gattung Crinum gehörig bestimmen, weil sie im Parenchym zerstreut sehr charakteristische Tracheiden (außerhalb der Bündel mit doppeltem, gegenläufigem Spiralband) aufweisen, wie solche von Trecul und Mangin in den Ann. des se. ser. VI–XIII S. 200–216 beschrieben worden sind. Mangin betont ausdrücklich, daß dieses Merkmal nur der Gattung Crinum eigentümlich sei, schon der verwandten Gattung Pankratium fehle." Prof. Müller-Doblies untersuchte im April 1986 freundlicherweise erneut die Schalen und kam zu einem ähnlichen Ergebnis. Er stellte zwar fest, daß auch die der Crinum verwandte Gattung Ammocharis die typischen Spiralverdickungen zeigt, nach dem Verbreitungsgebiet der beiden Gattungen hält er jedoch auch Crinum für wahrscheinlicher. Möglicherweise handelt es sich um Crinum zeylanicum (L.) L., die nach Müller-Doblies auch im Sudan und Äthiopien vorkommt[20]. Im heutigen Ägypten wachsen keine Crinum-Arten wild, und sie sind auch weder durch Funde noch durch Darstellungen sonst für das Alte Ägypten belegt. Da Crinum zeylanicum (L.) L. wunderschöne große purpurfarbene Blüten hervorbringt, findet man sie aber heute als Gartenpflanze, und Stout sah sie schon 1935 in ägyptischen Gärten[21]. Es ist durchaus vorstellbar, daß die Blumen liebenden Ägypter Crinum-Zwiebeln von Süden her importierten und die Pflanzen wegen ihrer schönen Blüten und der pharmazeutischen Wirkung der Zwiebeln[22] in ihren Gärten anpflanzten.

Zwiebelschalen oder ganze Zwiebeln bei der Mumifizierung zu verwenden, scheint eine Sitte der 19.–21. Dyn. gewesen zu sein. Täckholm[23] hat die bisher bekannten Funde zusammengestellt und alle der Art Allium cepa L. (Küchenzwiebel) zugeordnet. Bei neueren Untersuchungen an der Mumie Ramses' II.[24] zeigte sich aber, daß diese pauschale Zuordnung nicht gerechtfertigt ist. Am Hals und oberhalb der linken Achselhöhle fand man Schalenreste, die von den Zwiebeln der Tazette (Narcissus tazetta L.) stammten. Die Ägypter haben also die Zwiebeln mehrerer Arten bei der Mumifizierung verwendet.

2.1.3. Girlanden von Begräbnissen nicht königlicher Personen

Girlanden, die auf den Mumien von nicht königlichen Personen gefunden wurden, unterscheiden sich in ihrer Herstellungsart nicht von denen auf den Königsmumien. Zahlreiche Funde aus Gräbern verschiedener Zeiten befinden sich in Berlin.

In den meisten Fällen sind die Girlanden aus den grünen Blättern der Mimusops schimperi Hochst., des Ölbaumes (Olea europaea L.) oder der Ägyptischen Weide (Salix subserrata Willd.) gefertigt und z. T. ohne weiteren Blütenschmuck als Streifen oder Gehänge auf die Mumien gelegt worden.

Andere Gewinde enthalten zwischen die grünen Blätter gesteckt Kornblumen (Centaurea depressa Bieb.), Chrysanthemen (Chrysanthemum coronarium L.) oder Blütenblätter des Blauen Lotus (Nymphaea coerulea Sav.).

Daneben treten aber auch Girlanden auf, die nur aus Blütenblättern des Blauen Lotus bestanden, und ebenfalls nicht an Königsmumien belegt sind auf Dattelpalmblattstreifen aufgespießte Kelche des Granatapfels (Punica granatum L.). Sie hatte man wohl einfach in das Gewinde hineingesteckt.

Stark aromatisch duftende Blätter findet man auch als Mumienschmuck von Privatleuten. Lagen auf den Mumien von Amenophis II. Conyza dioscorides Desf. Blätter und von Merenptah Dillzweige (Anethum graveolens L.), so befand sich auf der Mumie des Kent[15] (19. Dyn.) ein Gewinde aus Sellerieblättern (Apium graveolens L.) mit Blüten des Blauen Lotus[25] und in einem Grab der 20.–26. Dyn. ein Mumienschmuck aus Pfefferminzblättern (Mentha spec.) mit Blüten des Zottigen Weidenröschens (Epilobium hirsutum L.).

Die botanische Art dieser Pfefferminze läßt sich nicht sicher bestimmen. Schweinfurth[9] bezeichnete sie als kleinblättrige Form von Mentha piperita L. Heute ist aber bekannt, daß Mentha x piperita L. ein Tripelbastard aus drei europäischen Pfefferminzarten ist[26]. Von der in Ägypten häufig an Kanalufern anzutreffenden Art Mentha longifolia L. unterscheidet sich die altägyptische Pfefferminze durch extrem lange Blattstiele. Die in Ägypten steltener vorkommende Art Mentha pulegium L. hat zwar manchmal so lange Blattstiele, sie bildet aber keine etwa 10 cm langen beblätterten Zweige ohne Blüten, wie sie bei diesem Grabfund vorliegen. Da an den altägyptischen Zweigen die Blüten fehlen, ist die Zuordnung dieses Fundes zu einer der beiden in Ägypten vorkommenden Mentha-Arten nicht möglich.

Ebenso wie die Königsmumien schmückte man auch die Mumien der Privatleute mit einzelnen, vollständigen Seerosenblüten.

Girlanden von Begräbnissen nicht königlicher Personen

1. Gewinde nur aus Mimusopsblättern
   Äg. M. Nr. 8476 (SMZB), S. Schw. Nr. 221, 225, 226, Dra Abu el Nega, 20.–26. Dyn., von Schiaparelli;
   S. Schw. Nr. 231, Gurna, 20.–26. Dyn., von Maspero 1884. –

2. Gewinde aus Mimusopsblättern mit Kornblumen
   S. Schw. Nr. 222, Deir el Bahari, Grab des Ḏd-Ḏḥwtj-f-anch, 26. Dyn., von Naville (Abb. 4). –

3. Gewinde nur aus Ölbaumblättern
   Äg. M. Nr. 8474*, 8475*, Gurna, 22. Dyn., von Maspero;
   S. Schw. Nr. 263, 266, Deir el Bahari, Grab des Ḏd-Ḏḥwtj-f-anch, 26. Dyn., von Naville. –

4. Gewinde aus Ölbaumblättern mit Kornblumen
   S. Schw. Nr. 220, Gurna, 18. Dyn. –

5. Gewinde aus Ölbaumblättern mit Blütenblättern des Blauen Lotus
   Äg. M. Nr. 11992 (SMPK), Deir el Bahari, 19.–20. Dyn., Geschenk des Museums Kairo. –

6. Gewinde aus Ölbaumblättern, Blütenblättern des Blauen Lotus und Blütenköpfchen der Chrysanthemum coronarium L.
   Äg. M. Nr. 11994 (SMPK), Deir el Bahari, 19.–20. Dyn., Geschenk des Museums Kairo (Bruch). –

7. Gewinde aus Weidenblättern mit Blütenblättern des Blauen Lotus
   Äg. M. Nr. 11993*, Deir el Bahari, 19.–20. Dyn., Geschenk des Museums Kairo. –

8. Gewinde aus Blütenblättern des Blauen Lotus
   Äg. M. Nr. 11990 (SMPK), Deir el Bahari, 19.–20. Dyn., Geschenk des Museums Kairo. –

9. Gewinde aus Blütenblättern des Blauen Lotus und Blütenköpfchen der Chrysanthemum coronarium L.
   Äg. M. Nr. 11991*, Deir el Bahari, 19.–20. Dyn., Geschenk des Museums Kairo. –

10. Kelche des Granatapfels auf Dattelpalmblattstreifen aufgespießt, aus einem Gewinde
    S. Schw. Nr. 290, Gurna, 20.–26. Dyn., von Maspero 1884. –

11. Blätter und Blüten des Sellerie aus einem Gewinde (Abb. 7)
    Äg. M. Nr. 9693*, S. Schw. Nr. 23, Grab des Ḳent, Theben, 19. Dyn.[15]. –

12. Blätter der Pfefferminze (Mentha spec.) und Blüten des Zottigen Weidenröschens, aus einem Gewinde
    Äg. M. Nr. 8486 (SMZB), S. Schw. Nr. 72, 236 (Abb. 8), 237, Gurna, 20.–26. Dyn., von Maspero. –

13. Kornblumenblütenköpfchen aus Gewinden
    Äg. M. Nr. 9691*, Gurna, 20.–26. Dyn., von Schiaparelli 1885;
    S. Schw. Nr. 37, Dra Abu el Nega, 20.–26. Dyn., von Schiaparelli;
    S. Schw. Nr. 39, Theben, 22. Dyn., von Möller 1911. –

14. Reste von Seerosenblüten (Nymphaea coerulea Sav.)
    S. Schw. Nr. 256, Gurna, 18. Dyn., Mond 1904;
    S. Schw. Nr. 257, Dra Abu el Nega, 18.–19. Dyn., von Schiaparelli. –

2.2. Mumienschmuck der griech.-röm. Zeit

Mit der Eroberung Ägyptens durch die Ptolemäer machte sich dort ein starker Einfluß der südeuropäischen Kulturen bemerkbar. Dieser ist ganz deutlich an dem Blumenschmuck erkennbar, der in dieser Zeit den Verstorbenen mit ins Grab gegeben wurde. Zwar findet man auch weiterhin in den Gräbern die flachen, traditionellen Girlanden aus gefalteten Laubblättern mit eingesteckten Blüten, doch dann kommt ein neuer Typ in Mode und verbreitet sich sehr schnell.

Aus den Gräbern der großen Friedhöfe der griech.-röm. Siedlungen, vor allem des Fayum, kamen riesige Mengen Pflanzenschmuck zutage, der sich sowohl in seiner Herstellungstechnik als auch hinsichtlich der verwendeten Pflanzen von den traditionellen Girlanden stark unterscheidet.

In pharaonischer Zeit verwendete der Blumenbinder nur eine begrenzte Anzahl von verschiedenen Blättern und Blüten. Jetzt tritt eine Fülle anderer Pflanzen in dem Grabschmuck auf, die entweder der heimischen Flora angehören, aber vorher nicht für Girlanden benutzt wurden, oder zu den neu eingeführten Gartenpflanzen gehören.

Die griech.-röm. Girlanden der Berliner Museen stammen überwiegend aus dem Fayum-Gebiet, einige wenige aus Antinoe und Achmîm in Mittelägypten. Sie geben uns einen guten Einblick in die dort in den Gärten oder an den Kanalufern wachsenden Pflanzen.

Bildeten in pharaonischer Zeit die gefalteten ledrig-grünen Laubblätter das Grundgerüst der Girlanden, sind es jetzt die Halme des Cyperus alopecuroides Rottb. und Scirpus inclinatus (Del.) Asch. et Schweinf. ex Boiss. Aus ihnen fertigte man einen zentralen Strang, an den dann mit dünnen Dattelpalmblattstreifen oder Cyperusstreifen Blüten und beblätterte Zweige festgebunden wurden. Sehr zarte Gebilde wie einzelne Blütenblätter oder Staubgefäße band man zuerst an einen Scirpus-Halm und nutzte diesen dann als Stiel zum Befestigen am zentralen Strang. Es entstanden mit dieser Technik jetzt sehr kompakte Gebilde. Die meisten könnte man als „wurstförmig" beschreiben. Der zentrale Strang endete in einer Schnur aus Scirpus oder Cyperus, um die Girlande um den Hals der Mumie zu befestigen.

Einige Mumien sind auch mit Kränzen um den Kopf geschmückt.

Daneben stellte man aber auch ganze Blumendecken her, in denen einzelne Sträuße zusammengebunden wurden und die dann große Partien der Mumie bedeckten.

Einige der jetzt verwendeten Blüten traten auch schon in den traditionellen Girlanden auf, wie die Nilakazie (Acacia nilotica [L.] Willd. ex Del.), die Chrysantheme (Chrysanthemum coronarium L.), das Zottige Weidenröschen (Epilobium hirsutum L.), der Granatapfelbaum (Punica granatum L.), der Blaue Lotus (Nymphaea coerulea Sav.) und die Sesbania sesban (L.) Merrill. Die Blätter der Persea (Mimusops schimperi Hochst.) und der Weide (Salix subserrata Willd.) findet man in diesem Typ Girlande nur sehr selten.

Zum anderen enthalten die Gewinde des neuen Typs in Ägypten heimische Pflanzen, die aber vorher noch nicht in den Girlanden auftraten. Es sind dies der Wein (Vitis vinifera L.), der seit der Frühzeit in Ägypten kultiviert wurde, die Seyal-Akazie (Acacia seyal Del.), das Greiskraut (Senecio desfontainei Druce), das Meertraubenkraut (Ambrosia maritima L.) und der Papyrus (Cyperus papyrus L.). Die roten Beeren des Nachtschatten Withania somnifera (L.) Dun. hatte man in pharaonischer Zeit in die auf Papyrus aufgenähten Blumenhalskragen eingearbeitet[27]. Jetzt tauchen sie auch in den Grabgirlanden auf.

In den Gärten der griech.-röm. Epoche kultivierte man jetzt aber auch eine ganze Reihe von Pflanzen, die in ganz anderen Gegenden ihre Heimat hatten. Aus dem Süden Europas kam die Schopflavendel-Immortelle (Helichrysum stoechas L.), die Blaurosa-Lichtnelke (Lychnis coelirosa L.), aus dem östlichen Mittelmeerraum der Majoran (Majorana hortensis Moench.) und die Myrte (Myrtus communis L.). Die Rose (Rosa richardii Rehd.) stammt entweder aus Südosteuropa oder dem Vorderen Orient. Der Henna-Strauch kam von den Küstenländern des Indischen Ozeans oder Ostafrikas nach Ägypten, der Hahnenkamm (Celosia argentea L.) aus dem Sudan oder Äthiopien und der Indische Lotus (Nelumbo nucifera Gaertn.) sowie die Zitronatzitrone aus Indien.

Bei der Aufzählung der verwendeten Grabpflanzen wird deutlich, daß neben dem Aussehen ein intensiver Duft der entscheidende Faktor für die Auswahl der Pflanzen solcher Grabgebinde war.

Majoran, Myrte, Schopflavendel-Immortelle, Rose, Henna und Greiskraut sind alles stark duftende Pflanzen.

Die aromatischen Rosenblätter, die noch heute zur Parfümherstellung genutzt werden, verarbeitete man nicht nur in Gewinde. Ein Kissen, das unter dem Kopf einer Mumie lag, war ganz mit Rosenblättern gefüllt. Rosenblätter bedeckten auch eine Mumie, deren Arme und Beine fehlten und durch Schilfbündel ersetzt waren.

Als ganz neues Element treten in griech.-röm. Zeit künstliche Blumen in den Grabgebinden auf. Besonders häufig verwendete man etwa 3 cm lange, entrindete Halmstücke des Scirpus inclinatus (Del.) Asch. et Schweinf. ex Boiss., deren netzartig gemustertes Mark ein dekorativer Bestandteil der Girlanden war, außerdem gaben diese Teile dem Gebinde zusätzlichen Halt. Andere künstliche Blumen bestanden aus gefalteten Papyrusmarkstreifen, gefärbter Wolle oder dünner Kupferfolie. Einige Gewinde waren auch mit dünnen Streifen von Kupferfolie umwickelt. Aufgefädelte Markkügelchen oder längliche Markstücke einer noch nicht identifizierten Pflanze steckten in den Girlanden.

Die in den Berliner Sammlungen vorhandenen Grabfunde geben einen guten Einblick in die Vielfalt der in griech.-röm. Zeit in Ägypten genutzten Kranzpflanzen. Sie zeigen aber auch die große technische Perfektion in der Herstellung pflanzlichen Grabschmucks.

Leider hat der Zweite Weltkrieg gerade in dieses Material des Ägyptischen Museums große Lükken geschlagen. Die Zusammensetzung mancher verlorengegangener Girlanden ist nur noch aus dem Inventarbuch ersichtlich.

Traditionelle, flache Girlanden

1. Gewinde nur aus Mimusopsblättern
   Äg. M. Nr. 8488 (SMZB) und 8490 (SMZB);
   S. Schw. Nr. 234 und 235. –
2. Gewinde nur aus Ölbaumblättern
   Äg. M. Nr. 17609* und 17610*, Abusir el Meleq, Papyrusgrabung 1905;
   S. Schw. Nr. 260 und 264, Hawara, 2.–3. Jahrh. n. Chr. –
3. Gewinde aus Mimusopsblättern und Blütenblättern der Nymphaea coerulea Sav.
   Äg. M. Nr. 21827*, S. Schw. Nr. 223, Deir el Medineh, röm[28], Grabung Möller 1911. –
4. Gewinde aus Mimusopsblättern, Blütenblättern der Nymphaea coerulea Sav. und Blütenköpfchen der Chrysanthemum coronarium L.
   Äg. M. Nr. 20165–7*, Gurna, röm. Grabung Möller 1911. –
5. Blütenköpfchen der Chrysanthemum coronarium L. aus Gewinden
   S. Schw. Nr. 42, Dra Abu el Nega, Schiaparelli 1885. –
6. Gewinde aus Mimusops- und Ölbaumblättern (vermutlich der traditionellen Art)
   Äg. M. Nr. 19546*, Hawara. –

Kompakte Girlanden

1. Acacia nilotica (L.) Willd. ex Del. Blütenköpfchen
   S. Schw. Nr. 11, Hawara, 2.–3. Jahrh. n. Chr., Badir 1897. –
2. Acacia seyal Del. Blütenköpfchen
   S. Schw. Nr. 13 (Abb. 18), Hawara, 2.–3. Jahrh. n. Chr. –
3. Celosia argentea L. Gewindeteil

Äg. M. Nr. 3334*, Äg. M. Nr. 3342 (SMPK) (Abb. 10), 14271 (SMPK), 14273 (SMPK), mit Kupferfolie, Hawara, Grabung Brugsch. –

4. Chrysanthemum coronarium L. Blütenköpfchen
   S. Schw. Nr. 43, Hawara, 2.–3. Jahrh. n. Chr., Badir 1897. –

5. Epilobium hirsutum L. Blüten
   Äg. M. Nr. 14216*, S. Schw. Nr. 73 (Abb. 12), 74, 75, Hawara, 2.–3. Jahrh. n. Chr., Badir 1897. –

6. Helichrysum stoechas L. Gewinde
   Äg. M. Nr. 14269 (SMZB), Hawara, Grabung Brugsch. –

7. Lawsonia inermis L. Zweige
   Äg. M. Nr. 3344 (SMPK), Hawara, Grabung Levetzau;
   Äg. M. Nr. 17263*, Abusir el Meleq, Grabung 1904;
   S. Schw. Nr. 159, 160 und 161, Hawara, 2.–3. Jahrh. n. Chr. –

8. Lychnis coelirosa L. Blüten
   Äg. M. Nr. 19543*, S. Schw. Nr. 193 (Abb. 13) und 194, Hawara, 2.–3. Jahrh. n. Chr. –

9. Majorana hortensis Moench. Gewinde und Gewindeteile, z. T. mit Kupferfolie
   Äg. M. Nr. 3333 (SMPK);
   Äg. M. Nr. 3353 (SMPK), Hawara, röm., Grabung Brugsch;
   Äg. M. Nr. 14896*, Achmîm, 2. Jahrh. n. Chr., von Schmidt;
   Äg. M. Nr. 17614* und 17615 (SMZB), Abusir el Meleq, Papyrus-Grabung 1905;
   S. Schw. Nr. 245, Fayum, 2.–3. Jahrh. n. Chr. –

10. Nelumbo nucifera Gaertn. Petale
    S. Schw. Nr. 252 (Abb. 15), 253, Hawara, 2.–3. Jahrh. n. Chr., Badir 1897. –

11. Nelumbo nucifera Gaertn. Staubgefäße
    S. Schw. Nr. 251 (Abb. 16), 254, Hawara, 2.–3. Jahrh. n. Chr., Badir 1897. –

12. Rosa richardii Rehd. Blüten und Gewinde aus Blütenblättern, z. T. mit Kupferfolie
    Äg. M. Nr. 3328 (SMPK), 3329 (SMPK) (Abb. 17);
    Äg. M. Nr. 3345 (SMPK), 3347 (SMPK), 14156*, 17269*, Abusir el Meleq, röm.;
    Äg. M. Nr. 14272*, 14276 (SMPK), Hawara, röm., Grabung Brugsch 1894;
    Äg. M. Nr. 19540*, Fayum;
    S. Schw. Nr. 298, Hawara, 2.–3. Jahrh. n. Chr., gef. 1893;
    S. Schw. Nr. 299, Hawara, röm., Badir 1897. –

13. Scirpus inclinatus (Del.) Asch. et Schweinf. ex Boiss. entrindete Halmstücke
    Äg. M. Nr. 14275*, Hawara, Grabung Brugsch;
    Äg. M. Nr. 17612 (SMZB), Abusir el Meleq, Papyrusgrabung 1905. –

14. Sesbania sesban (L.) Merrill Blüten
    S. Schw. Nr. 305, Antinoe, 2.–4. Jahrh. n. Chr.

15. Vitis vinifera L. Blätter[29]
    Äg. M. Nr. 17265*, Abusir el Meleq, röm., Grabung 1904

16. Withania somnifera (L.) Dun. Beeren
    Äg. M. Nr. 3329 (SMPK) (Abb. 9);
    Äg. M. Nr. 17264* Hawara, Grabung Brugsch;
    Äg. M. Nr. 17613 (SMZB), Abusir el Meleq, röm., Papyrusgrabung 1905;
    S. Schw. Nr. 357 und 358, Fayum, 2.–3. Jahrh. n. Chr. –

17. Kunstblumen aus Kupferfolie
    Äg. M. Nr. 3327 (SMZB), 3349*, Hawara. –

18. Kunstblumen aus gefärbter Wolle
    Äg.M. Nr. 14214*, Hawara. –
19. Markstück einer noch nicht identifizierten Pflanze
    S.Schw. Nr. 376, Hawara, 2. Jahrh. n. Chr. –
20. Gewindeteil mit Acacia nilotica (L.) Willd. ex Del. Blüten und Kunstblumen aus Cyperus papyrus L. Markstreifen S.Schw. Nr. 216, Fayum, 2.–3. Jahrh. n. Chr., Badir 1897. –
21. Gewindeteil mit Acacia seyal Del. Blütenköpfchen und Lychnis coelirosa L. Blüten
    S.Schw. Nr. 217 und 218, 2.–3. Jahrh. n. Chr. –
22. Gewindeteil mit Celosia argentea L. Blütenständen und Chrysanthemum coronarium L. Blütenköpfchen
    Äg.M. Nr. 3359 (SMPK), Hawara, Grabung Brugsch. –
23. Gewinde mit Celosia argentea L. Blütenständen und Majorana hortensis Moench. Zweigen
    Äg.M. Nr. 3352 (SMPK), Hawara, Grabung Brugsch. –
24. Gewindeteil mit Majorana hortensis Moench. Zweigen und Chrysanthemum coronarium L. Blütenköpfchen
    Äg.M. Nr. 3350 (SMZB), Hawara. –
25. Gewindeteil mit Lawsonia inermis L. Zweigen und Withania somnifera (L.) Dun. Beeren
    Äg.M. Nr. 19541*, Hawara. –
26. Gewindeteil mit Lychnis coelirosa L. Blüten und Majorana hortensis Moench. Zweigen
    S.Schw. Nr. 243, Fayum, 2.–3. Jahrh. n. Chr. –
27. Gewindeteil mit Lychnis coelirosa L. Blüten und Vitis vinifera L. Blättern
    S.Schw. Nr. 228, 2.–3. Jahrh. n. Chr. –
28. Gewindeteil mit Majorana hortensis Moench. Zweigen und Nymphaea coerulea Sav. Blütenblättern
    Äg.M. Nr. 3351 (SMZB), Hawara, Grabung Brugsch. –
29. Gewindeteil mit Majorana hortensis Moench. Zweigen und Cyperus papyrus L. Markstreifen
    S.Schw. Nr. 242, Fayum, 2.–3. Jahrh. n. Chr. –
30. Gewindeteil mit Majorana hortensis Moench. Zweigen und Rosa richardii Rehd. Blüten
    Äg.M. Nr. 17611*, Abusir el Meleq, Papyrus-Grabung 1905. –
31. Gewindeteil mit Majorana hortensis Moench. Zweigen und Withania somnifera (L.) Dun. Beeren
    Äg.M. Nr. 3343*, 17266* und 17267*, Hawara, Grabung Brugsch. –
32. Gewindeteil mit Majorana hortensis Moench. Zweigen und Blumen aus gefärbter Wolle
    Äg.M. Nr. 14155*, Hawara. –
33. Mimusops schimperi Hochst. Blätter und Withania somnifera (L.) Dun. Beeren
    Äg.M. Nr. 17268*, Hawara, Grabung Brugsch. –
34. Mimusops schimperi Hochst. Blätter und Celosia argentea L. Blütenstände
    Äg.M. Nr. 17270*, Abusir el Meleq, 1904. –
35. Gewindeteil mit Acacia nilotica (L.) Willd. ex Del. Blütenköpfchen, Lawsonia inermis L. Zweigen und Vitis vinifera L. Blättern
    Äg.M. Nr. 19542*, Hawara. –
36. Gewindeteil mit Acacia seyal Del. Blütenköpfchen, Cyperus papyrus L. Markstreifen und Lawsonia inermis L. Zweigen
    S.Schw. Nr. 227, Hawara, 2.–3. Jahrh. n. Chr. –
37. Gewindeteil mit Acacia seyal Del. Blütenköpfchen, Lychnis coelirosa L. Blüten und Majorana hortensis Moench. Zweigen
    S.Schw. Nr. 244, Fayum, 2.–3. Jahrh. n. Chr. –

38. Gewindeteil mit Epilobium hirsutum L. Blüten, Lawsonia inermis L. Zweigen und Vitis vinifera L. Blättern
     Äg. M. Nr. 19539*, Fayum. –

39. Gewinde mit Helichrysum stoechas L. Blütenköpfchen, Lychnis coelirosa L. Blüten und Majorana hortensis Moench. Zweigen
     Äg. M. Nr. 3346 (SMZB), Grabung Brugsch 1894. –

40. Gewindeteil mit Lawsonia inermis L. Zweigen, Nelumbo nucifera Gaertn. Blütenblättern und Majorana hortensis Moench. Zweigen
     S. Schw. Nr. 246, Fayum, 2.–3. Jahrh. n. Chr. –

41. Gewindeteil mit Lawsonia inermis L. Zweigen, Nelumbo nucifera Gaertn. Blütenblättern und Withania somnifera (L.) Dun. Beeren
     S. Schw. Nr. 239 und 240 (Abb. 21), Hawara, 2.–3. Jahrh. n. Chr., Badir 1897. –

42. Gewindeteil mit Lychnis coelirosa L. Blüten, Punica granatum L. Blütenblättern und Rosa richardii Rehd. Blüten
     S. Schw. Nr. 247, Hawara, 2.–3. Jahrh. n. Chr. –

43. Gewindeteil mit Majorana hortensis Moench. Zweigen und Myrtus communis L. und Withania somnifera (L.) Dun. Beeren
     Äg. M. Nr. 19538*, Fayum. –

44. Gewindeteil mit Helichrysum stoechas L. Blütenköpfchen, Majorana hortensis Moench. Zweigen, Myrtus communis L. Früchten und Rosa richardii Rehd. Blüten
     Äg. M. Nr. 3340*, Hawara, Grabung Brugsch. –

45. Gewindeteil mit Lawsonia inermis L. Zweigen, Lychnis coelirosa L. Blüten, Majorana hortensis Moench. Zweigen, Nelumbo nucifera Gaertn. Blütenblättern, Withania somnifera (L.) Dun. Beeren
     Äg. M. Nr. 14154*, Hawara. –

46. Zerfallene Gewinde mit Celosia argentea L. Blütenständen, Helichrysum stoechas L. Blütenköpfchen, Majorana hortensis Moench. Zweigen, Myrtus communis L. Blättern und Rosa richardii Rehd. Blüten
     Äg. M. Nr. 3336*. –

47. Gewinde aus Epilobium hirsutum L. Blüten, Lawsonia inermis L. Zweigen, Salix subserrata Willd. Blätter, Vitis vinifera L. Blätter und Withania somnifera (L.) Dun. Beeren
     Äg. M. Nr. 19544*. –

48. Strang von Cyperus alopecuroides Rottb., an dem ursprünglich wohl Blüten und Blätter befestigt waren
     S. Schw. Nr. 63. –

Teile von Blumendecken auf Mumien

1. Ambrosia maritima L. Zweige mit Blüten (Abb. 19)
     S. Schw. Nr. 15, Hawara, 2.–3. Jahrh. n. Chr., Badir 1897. –

2. Sträuße von Majorana hortensis Moench. Zweigen
     S. Schw. Nr. 269 und 270 (Abb. 14), Hawara, röm., Badir 1897. –

3. Nelumbo nucifera Gaertn. Blütenblätter aus einer Blumendecke
     Äg. M. Nr. 14215 (SMZB), Hawara. –

4. Teil einer Blumendecke mit Epilobium hirsutum L. Blüten, Myrtus communis L. Zweigen und Senecio desfontainei Druce Blütenköpfchen

S.Schw. Nr. 241 (Abb. 20), Fayum, 2.–3. Jahrh. n. Chr., von der Mumie 358 des Ägyptischen Museums Kairo. –

Diverse Blumenschmuckreste

1. Citrus medica L. Blattreste
   S. Schw. Nr. 47 (Abb. 11), Antinoe, Grab der Leukone, Reste aus einem Kranz um den Kopf der Mumie, 3. Jahrh. n. Chr.[30]. –
2. Punica granatum L. Blütenblätter und Markkügelchen einer noch nicht bestimmten Pflanze
   S.Schw. Nr. 289, Hawara, auf einen Papyrusmarkstreifen aufgenähter Blumenschmuck, 2.–3. Jahrh. n. Chr. –
3. Gewinde aus Phoenix dactylifera L. Blattstreifen
   Äg.M. Nr. 12403*, Dra Abu el Nega, Schiaparelli 1888;
   Äg.M. Nr. 19545*, Fayum. –
4. Nicht näher beschriebene Gewindeteile
   Äg.M. Nr. 3330*;
   Äg.M. Nr. 3348*, Hawara, Grabung Brugsch;
   Äg.M. Nr. 3360*. –
6. Rosa richardii Rehd. Blütenblätter
   Äg.M. Nr. 11742*, Hawara, aus einem Kissen unter dem Kopf der Mumie 11673 des Ägyptischen Museums Berlin;
   Äg. M. Nr. 17177 (SMPK), Abusir el Meleq, über eine arm- und beinlose Mumie ausgeschüttet, Grabung 1904. –

3. PAPYRUSSTENGEL, STABSTRÄUSSE, ZWEIGE UND BLÄTTER

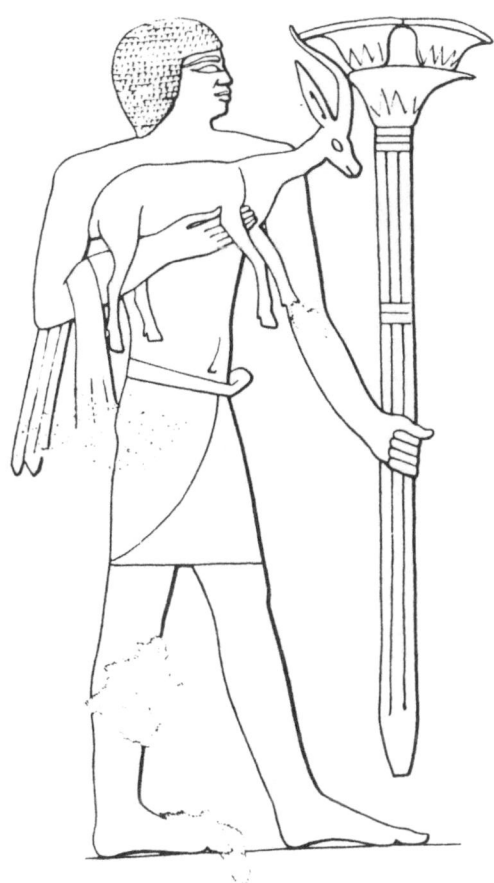

Gabenträger mit Papyrusstengel, AR[31]

In den Gräbern des Alten Reiches findet man häufig im Begräbniszug Gabenträger dargestellt, die Papyrusstengel mit Dolden tragen. Manchmal sind die Papyrusstengel noch mit Lotusblüten umwunden. Diese Abbildungen kommen bis in die Ptolemäerzeit hin vor.

Dennoch wurden in den Gräbern Reste von solchen Papyrusstengeln nur sehr selten gefunden. Datierte Funde aus dem Neuen Reich sind aus Amarna, Deir el Medineh und Tanis erhalten. Nicht datierte befinden sich im Museum Turin, dem Louvre, und zwei sehr gut erhaltene Papyrusstengel mit Dolden von 1,78 m und 1,66 m Länge enthielt einst die Sammlung des Ägyptischen Museums Berlin[32].

Zusätzlich zu den Papyrusstengeln treten von der 18. Dyn. an in den Grabdarstellungen die sogenannten Stabsträuße auf. In den Abbildungen bestehen die großen Blumengebinde aus einer Vielzahl verschiedener Blüten: Kornblume (Centaurea depressa Bieb.), Mohn (Papaver rhoeas L.), Lotus (Nymphaea lotus L. und N. coerulea Sav.), Chrysantheme (Chrysanthemum coronarium L.) und Papyrus (Cyperus papyrus L.).

An den z.T. sehr stilisiert gezeichneten Stabsträußen lassen sich auch eine Reihe von Blättern erkennen: Lotus, Winde (Convolvulus spec.), Wein (Vitis vinifera L.), Dattelpalme (Phoenix dactylifera L.) und Lattichstrunke (Lactuca sativa L.).

Stabstraußdarstellung des NR[33]

Auch die Früchte der Mimusops schimperi Hochst., der Dattelpalme und des Wein findet man in einigen Stabsträußen.

Im Grab des Nḏm-gr (TT 138), Aufseher im Garten des Ramesseums, ist sehr schön dargestellt, wie die einzelnen Pflanzenteile zu Stabsträußen zusammengebunden werden[34].

Seltsamerweise stimmen aber nun die in den Gräbern gefundenen Stabsträuße hinsichtlich der in ihnen enthaltenen Pflanzen in keiner Weise mit den in den Gräbern abgebildeten überein. Bisher wurden in zwei Königsgräbern, dem des Tutanchamun und Amenophis' II. Stabstraußreste gefunden sowie in 3 Privatgräbern des Neuen Reiches. Diese Stabsträuße bestanden aus einer zentralen Achse von Dattelpalmblattmittelrippen oder Papyrusstengeln, an die das Laubwerk der Mimusops schimperi Hochst., des Ölbaumes und in einem Fall die beblätterten Zweige des Kleinblütigen Steinklees (Melilotus indica [L.] All.) angebunden waren. Ob ein Stück Papyrusstengel, an dem Zweige der Cressa cretica L. befestigt waren, ein Stück Stabstrauß oder ein Gewindeteil war, läßt sich nicht mehr feststellen. Das Objekt des Ägyptischen Museums Berlin ist verloren, und die Maße sind im Inventarbuch nicht angegeben.

Eingearbeitete Früchte enthielt nur der Stabstrauß aus dem Grab Amenophis' II., es waren aufgespießte Datteln[35].

Reste von Stabsträußen fanden sich auch in Gräbern der ptolemäischen Epoche in Gebelên. Sie bestanden aus Laubwerk der Mimusops schimperi Hochst., nur war die zentrale Achse in einem Fall durch einen Stab aus Tamariskenholz (Tamarix nilotica [Ehrenb.] Bge.) ersetzt und in einem anderen durch einen Zweig der Baumwolle (Gossypium herbaceum L.). Dieser Stabstrauß mit dem Baumwollzweig ist z.Zt. der früheste Beleg für den Anbau von Baumwolle in Ägypten. Leider wurde er aber im Zweiten Weltkrieg zerstört.

Neben z.T. kunstvoll gebundenen Stabsträußen legte man in Ägypten auch lose beblätterte Zweige in das Grab. Diese Sitte läßt sich schon für das Mittlere Reich belegen. Meist handelte es sich um Mimusops- oder Sykomorenzweige. Auf einem Blatt eines Sykomorenzweiges haben sich sogar Blattgallen erhalten. Seltener nahm man zu diesem Zweck Ölbaum- (Olea europaea L.) oder Weidenzweige (Salix subserrata Willd.). Unter Weidenblättern aus Antinoe des 7. Jahrh. n. Chr. befanden sich 3 Blattfragmente vom Johannisbrotbaum (Ceratonia siliqua L.).

In manchen Fällen legte man auch kleine Zweige auf Schalen oder steckte sie in Körbe und Taschen.

An dieser Sitte, Laubzweige mit in die Gräber zu geben, kann man wieder einmal die große Kontinuität solcher Bräuche im Alten Ägypten erkennen. So fand z.B. Möller in einem Grab des Mittleren Reiches (um 2000 v. Chr.) in Theben Zweige der Cordia myxa L. und Petrie einen großen Stapel zusammengebundener Blätter der gleichen Pflanze in einem Grab des 2.–3. Jahrh. n. Chr. in Hawara.

Weinlaub in das Grab zu legen, läßt sich von der 18. Dyn. an belegen, war aber vor allem in griech.-röm. Zeit verbreitet. In einem Sarg dieser Zeit aus Hawara war der ganze Raum zwischen Mumie und Sargwand mit Weinlaub ausgefüllt. Ebenso wie die Blätter der Cordia myxa L. fand man auch Weinblätter zu Päckchen zusammengebunden in einem Grab.

Die Myrte (Myrtus communis L.) kam erst in griech.-röm. Zeit nach Ägypten, und so treten Myrtenzweige und kleine zusammengebundene Sträuße erst in Gräbern dieser Epoche in Ägypten auf.

I. Papyrusstengel mit Dolden

Äg. M. Nr. 4719* und 4720*, Theben, Passalacqua. –

II. Reste von Stabsträußen

1. Olea europaea L., ein Blatt
   S. Schw. Nr. 268, Theben, Grab Amenophis' II., 18. oder 21. Dyn. –
2. Mimusops schimperi Hochst. Zweige
   Äg. M. Nr. 3326 (SMPK und SMZB), 10841*, 10842*, S. Schw. Nr. 294, Deir el Medineh, Grab des Sn-ndm, 19. Dyn.;
   Äg. M. Nr. 9688*, S. Schw. Nr. 232 (Abb. 23), Gebelên, griech.-röm., Maspero 1885;
   Äg. M. Nr. 12398*, an einen Gossypium herbaceum L. Zweig gebunden, Gebelên, griech.;
   Äg. M. Nr. 12400* an einen Holzstab von Tamarix nilotica (Ehrenb.) Bge. gebunden, Gebelên, griech.;
   Ohne Inventar-Nr. (SMZB), Zweige an einen Papyrusstengel gebunden. –
3. Cressa cretica L.

Äg.M. Nr. 14274*, an einen Papyrusstengel gebunden, Hawara, griech.-röm., Grabung Brugsch. –

4. Hyphaene thebaica (L.) Mart.

S.Schw. Nr. 130, Blattstreifen von Stabsträußen, Dra Abu el Nega, 20.–26. Dyn., Schiaparelli. –

III. Reste von Zweigen

1. Mimusops schimperi Hochst.

Äg.M. Nr. 3335 (SMPK);

S.Schw. Nr. 208, Theben, M.R., Grabung Möller 1911;

Äg.M. Nr. 23980 (SMPK), Deir el Medineh, N.R., Grabung Möller 1913. –

2. Ficus sycomorus L.

Äg.M. Nr. 7027 (SMPK), Theben, Passalacqua;

Äg.M. Nr. 9911* und 12401*, S.Schw. Nr. 87, Gebelên, Grab des Ani, aus einer Tasche, 11. Dyn., Maspero 1886[25];

S.Schw. Nr. 89, Blattreste mit Gallen, Gebelên, Grab des Ani, 11. Dyn.;

S.Schw. Nr. 88, aus einer Schale, Dra Abu el Nega, 19. Dyn.;

Äg.M. Nr. 9686*, Gurna, Grab des Ḳent, 19. Dyn.[15];

Äg.M. Nr. 9692*, Dra Abu el Nega, 20.–26. Dyn., Schiaparelli 1885;

S.Schw. Nr. 91a, Theben. –

3. Olea europaea L.

Äg.M. Nr. 9689 (SMZB), S.Schw. Nr. 271, Assasif, 20.–26. Dyn., Schiaparelli (Abb. 22);

Äg.M. Nr. 6936 (SMPK) 5 bis 40 cm lange Zweige, am unteren Ende mit Papyrusmarkstreifen umwickelt, Theben, Passalacqua;

Äg.M. Nr. 3338 (SMPK);

S.Schw. Nr. 261, Hawara, 2.–3. Jahrh. n. Chr. –

4. Cordia myxa L.

Äg.M. Nr. 20292*, S.Schw. Nr. 53 (Abb. 24), Theben, Grab 35, M.R., Grabung Möller 1911[28];

S.Schw. Nr. 52, Hawara, 2.–3. Jahrh. n. Chr. –

5. Salix subserrata Willd.

S.Schw. Nr. 302, Hawara, 2. Jahrh. n. Chr.;

Äg.M. Nr. 14895*, S.Schw. Nr. 301, Antinoe, 7. Jahrh. n. Chr., Schmidt. –

6. Ceratonia siliqua L.

S.Schw. Nr. 41, Antinoe, 7. Jahrh. n. Chr., Schmidt. –

7. Vitis vinifera L.

S.Schw. Nr. 353, 18. Dyn.;

Äg.M. Nr. 9690*, Blätter in kleinen Päckchen, Dra Abu el Nega, 20.–26. Dyn., Schiaparelli 1885;

S.Schw. Nr. 349 (Abb. 25), Hawara, aus einem Sarg zwischen Mumie und Sargwand, 2.–3. Jahrh. n. Chr., Badir 1897;

S.Schw. Nr. 352, 2.–3. Jahrh. n. Chr.;

S.Schw. Nr. 350, Antinoe, 3. Jahrh. n. Chr.;

Äg.M. Nr. 3339 (SMPK). –

8. Myrtus communis L.

Äg. M. Nr. 14270[*], fruchttragende Zweige mit Dattelpalmblattstreifen zusammengehalten, Hawara, 3. Jahrh. n. Chr., Grabung Brugsch;

S. Schw. Nr. 215, Meir, griech., Kamal 1911;

ohne Inventar-Nr. (SMZB), Arsinoe, 4. Jahrh. n. Chr. –

9. Noch nicht sicher bestimmtes Zweigstück, Convolvulus spec. oder Mimusops schimperi Hochst.

S. Schw. Nr. 48, Grab bei Berschat, 12. Dyn., Daressy 1898. –

10. Tamarix nilotica (Ehrenb.) Bge.

S. Schw. Nr. 343, Abusir, Totentempel des Neuserre, 5. Dyn.[36], unter Emmerspreu gefunden. –

11. Calotropis procera Ait.

Äg. M. Nr. 7412, Dahel, Rohlfs libysche Expedition[37]. –

4. ÖLPFLANZEN

Pflanzliche Öle spielten im Alten Ägypten eine wichtige Rolle. Sie wurden als Speiseöle, zu Beleuchtungszwecken und in großem Umfang in der Kosmetik und bei religiösen Handlungen genutzt. Schon vom Alten Reich an erscheinen in den Gräbern bei der Aufzählung der Opfergaben umfangreiche Öllisten mit zahlreichen Ölnamen.

Bei diesen Ölnamen handelt es sich meist um Salböle, die zum Parfümieren des Körpers oder Salben der Götterfiguren bei rituellen Handlungen benutzt wurden. Man legte duftende Pflanzenprodukte wie Blüten, Rhizome, Hölzer oder Harze in Öl, preßte das Öl nach einiger Zeit aus und gewann so aromatische Salböle. Alle diese Salböle erhielten dann eigene Namen, obwohl das Pflanzenöl in vielen Fällen das gleiche war.

Zur Gewinnung der Öle, die dann zu Salbölen weiter verarbeitet wurden, und zur Herstellung von Speiseölen verwendeten die Ägypter nur eine recht kleine Anzahl verschiedener Ölpflanzen. Von vorgeschichtlicher Zeit an nutzte man hauptsächlich 3 Ölpflanzen im Niltal, die Erdmandel (Cyperus esculentus L.), die Balanites aegyptiaca (L.) Del. und den Rizinus (Ricinus communis L.). Erdmandeln bauten die Ägypter in großem Umfang an. Die kleinen, etwa erbsengroßen Rhizomknöllchen dieser Pflanze enthalten ein gutes Speiseöl, und sie gehören mit zu den häufigsten Grabbeigaben.

Die Balanites aegyptiaca (L.) Del. ist ein Strauch oder kleiner Baum, der heute nur noch vereinzelt in den Oasen der arabischen Wüste Ägyptens vorkommt. In pharaonischer Zeit muß er aber viel verbreiteter gewesen sein, denn die Früchte wurden in großen Mengen in den Gräbern gefunden. Das süßliche Fruchtfleisch aßen die Ägypter als Obst, und aus den Samen stellten sie ein Öl her, das zu Speisezwecken und in der Kosmetik verwendet wurde.

Viele der in den Gräbern gefundenen Balanites-Steinkerne weisen ein Loch auf. Einige Ägyptologen vermuteten, daß diese absichtlich gebohrt waren, um den Samen »magisch zu entwerten«, wie wir es von einem Ritual kennen, in dem Töpfe zerschlagen wurden, bevor sie ins Grab kamen. Unter dem Mikroskop lassen sich aber an den Rändern der Löcher eindeutig Nagespuren von Tieren erkennen. Die meist kleinen, runden Löcher stammen von Mäusen, die großen, oft flach genagten, von Ratten (Abb. 27).

Die dritte wichtige Ölpflanze war der Rizinus, der auch heute noch häufig, meist als großer Busch, am Nilufer oder als Einfriedung von Feldern in Ägypten wächst. Das Öl der Rizinussamen wurde für die Kosmetik, in der Medizin und als Lampenöl verwendet.

Auch schon von vorgeschichtlicher Zeit an bauten die Ägypter den Flachs (Linum usitatissimum L.) zur Fasergewinnung an. Es ist aber z. Zt. noch nicht bekannt, wann sie begannen, auch die ölhaltigen Samen zur Ölgewinnung zu nutzen. Voraussetzung dafür war die Züchtung von Schließlein, d. h. einer Sorte, deren Kapseln sich nicht bei der Reife öffnen, um die Samen zu verstreuen. Der Fund von Leinsamenkapseln in einem Topf in einem vor- oder frühgeschichtlichen Grab von Abusir el Meleq[74] deutet aber darauf hin, daß man schon in dieser Zeit die Samen wenigstens als Nahrungsmittel nutzte. Auch in einem Grab der 12. Dyn. in Dra Abu el Nega befanden sich zahlreiche, meist noch geschlossene Leinsamenkapseln in einer Schale unter den Speiseopfern. Man kann nur vermuten, daß die Ägypter die Leinsamen auch zur Gewinnung des Öles verwendeten.

Aus den altägyptischen Wirtschaftstexten wissen wir, daß man vom Alten Reich an ein Öl in großem Umfang nutzte, das mit dem Namen b3ḳ bezeichnet wurde. Höchst wahrscheinlich handelt es sich dabei um das Öl der Behennüsse (Moringa peregrina [Forssk.] Fiori). Aus Grabfunden sind die Samen dieses noch heute vereinzelt im südöstlichen Ägypten vorkommenden kleinen Baumes nur sehr selten belegt. Die Sammlung Schweinfurth enthält einen undatierten Samen.

Mit dem Beginn des Neuen Reiches kam von Palästina aus die Kultur zweier neuer Ölpflanzen nach Ägypten, des Saflor (Carthamus tinctorius L.) und des Ölbaumes (Olea europaea L.). Außer den ölhaltigen Samen nutzte man vom Saflor noch die Blüten zur Farbstoffgewinnung und, ebenso wie die Blätter des Ölbaumes, zur Herstellung von Mumiengirlanden.

Von dieser Zeit an importierten die Ägypter auch Mandeln (Prunus amygdalus Stock.), die sicher sowohl als Nahrungsmittel als auch der Ölgewinnung dienten.

Außerdem führten sie Sesamöl und Samen ein und kultivierten vermutlich Sesam (Sesamum indicum L.) auch in Ägypten. Davon befinden sich aber keine Reste in den Berliner Sammlungen.

Über die Art der Ölgewinnung im pharaonischen Ägypten sind wir nicht genau unterrichtet, es gibt keine Grabdarstellungen, die diesen Arbeitsvorgang zeigen. Aus einem medizinischen Text (Edwin Smith Rs. 21,9–22,10)[38] wissen wir aber, daß man Öl, wie auch heute noch in weiten Teilen Afrikas, durch Auskochen der zerstampften Samenmasse mit Wasser gewann.

Der Bedarf Ägyptens an pflanzlichen Ölen war sehr groß, und die Produktion im eigenen Land reichte nicht aus, ihn zu decken. So gehörten Öle zu den wichtigen Importprodukten Ägyptens, vor allem Moringa- und Olivenöl aus Palästina und Syrien.

Ölhaltige Pflanzenteile

1. Cyperus esculentus L. Rhizomknollen
   S. Schw. Nr. 64, Abydos, Om el Gaab, 1. Dyn., Amelineau 1896;
   Äg. M. Nr. 3375*, 3377 (SMPK), 14153 (SMPK), S. Schw. Nr. 58, 59, 61, 66, Gebelên, Grab des Ani, 12. Dyn., Maspero 1885[25];
   S. Schw. Nr. 62, Meir, Grab des Rahotep, 12. Dyn.[39] (Abb. 26);
   S. Schw. Nr. 60, Geschenk des Ägyptischen Museums Kairo;
   Äg. M. Nr. 7006 (SMPK), Theben, Passalacqua[37]. –
2. Balanites aegyptiaca (L.) Del. Steinkerne und Früchte
   S. Schw. Nr. 28, Grab bei Genamieh, vorgeschichtlich, Legrain 1897;
   Äg. M. Nr. 20235*, S. Schw. Nr. 25, Gurna, Grab 35, M. R., Grabung Möller 1911;
   Äg. M. Nr. 23983 (SMPK), Deir el Medineh, N. R., Grabung Möller 1913;
   Äg. M. Nr. 3369 (SMPK), 3370 (SMPK), S. Schw. Nr. 29 und 30, Dra Abu el Nega, griech.-röm., Schiaparelli 1885[25];
   S. Schw. Nr. 27, Gebelên, griech.-röm., Maspero 1885;
   Äg. M. Nr. 745 (SMPK), Sammlung Lepsius;
   Äg. M. Nr. 1361 (SMPK), Fayum, Sammlung Lepsius;
   Äg. M. Nr. 7009 (SMPK), Theben, Passalacqua[37];
   Äg. M. Nr. 7410*, Grab in der Oasa Dachel, Ascherson 1874;
   Äg. M. Nr. 14603 (SMZB), Dr. Reinhardt;
   Äg. M. Nr. 14694 (SMPK), Grabung Illahun 1900;
   S. Schw. Nr. 24, aus Mumiensärgen des Ägyptischen Museums Berlin (Abb. 27 und 49)
   S. Schw. Nr. 26, Geschenk des Ägyptischen Museums Kairo;
   S. Schw. Nr. 103. –

3. Ricinus communis L. Samen
   S.Schw. Nr. 296, Gebêlen, griech.-röm.
   Äg. M. Nr. 7007 (SMPK), Theben, Sammlung Passalacqua[37];
   S.Schw. Nr. 122 und 297, aus Mumiensärgen des Ägyptischen Museums Berlin. –
4. Linum usitatissimum L.
   Siehe unter Nahrungsmittel 6.6.
5. Moringa peregrina (Forssk.) Fiori Samen
   S.Schw. Nr. 380f, Geschenk des Museums Florenz (Abb. 28). –
6. Carthamus tinctorius L. Samen
   S.Schw. Nr. 33, Siedlung Pithom, 4. Jahrh. n. Chr., Naville 1883 (Abb. 29);
   S.Schw. Nr. 34, Gebelên, griech.-röm., Todros 1899. –
7. Olea europaea L. Kerne
   S.Schw. Nr. 265, Gurna, 18.–19. Dyn., Todros;
   S.Schw. Nr. 267, Gurna, 20.–26. Dyn.;
   S.Schw. Nr. 262, Dra Abu el Nega, griech.-röm., Schiaparelli 1885[25] (Abb. 30);
   S.Schw. Nr. 380e, Geschenk des Museums Florenz Nr. 3629. –
8. Prunus amygdalus Stock. Steinkerne
   Äg.M. Nr. 16769 (SMPK), S.Schw. Nr. 16, Abusir er rigah, griech.-röm., Grabung Borchardt 1903 (Abb. 31);
   Äg.M. Nr. 16223 (SMPK), Abusir er rigah, Grabung Borchardt 1901/2;
   S.Schw. Nr. 372, Gebelên, griech.-röm. –

5. AROMATISCHE PFLANZENTEILE

Aromatisch duftende Pflanzenteile sind ganz besonders interessante Grabbeigaben. Sie stammen oftmals nicht von in Ägypten heimischen Pflanzen, sondern wurden aus sehr entfernten Gegenden importiert. Sie geben uns also einen recht guten Einblick in die Fernhandelsbeziehungen Ägyptens zu den verschiedenen Zeiten.

Über die Verwendung der einzelnen Produkte sind wir jedoch oft nicht genau unterrichtet, da von vielen der ägyptische Name nicht bekannt ist und uns deshalb die Texte keinen Aufschluß darüber geben können. So muß man sehr vorsichtig versuchen, aus den Fundumständen Rückschlüsse auf die Nutzung zu ziehen.

Ein Teil der aromatisch duftenden Pflanzenteile wurde bei der Mumifizierung verwendet. Für den Ägypter war Duft etwas sehr Wichtiges. Er hatte belebende Eigenschaften und spielte deshalb im Ritual eine große Rolle. Vor den Götterbildern wurde geräuchert, und Grabdarstellungen zeigen den Verstorbenen, der ein Gefäß mit duftenden Salbölen an die Nase hält, oder eine duftende Lotusblüte. So ist es verständlich, daß wir aromatische Pflanzenteile auch an Mumien finden.

Beim Auswickeln von Mumien wurden bisher 4 verschiedene Pflanzenprodukte am oder im Körper gefunden: Wacholderbeeren (Juniperus oxycedrus L.), Wurzelknöllchen einer Cyperacee, Thalli der Flechte Pseudevernia furfuracea (L.) Zopf und Pfefferkörner.

Eine aus dem M.R. stammende Mumie hielt einige Wacholderbeeren in der Hand, und für die römische Zeit ist belegt, daß Wacholderbeeren mit zwischen die Mumienbinden eingewickelt wurden[40]. Schon vom A.R. an gaben die Ägypter Wacholderbeeren, die aus Palästina importiert worden waren, in kleinen Körben oder Tongefäßen mit in das Grab.

Außer den Wacholderbeeren befand sich in der Hand der Mumie aus dem M.R. auch noch eine Rhizomknolle, die Schweinfurth als vermutlich Cyperus longus L. bestimmte. Rhizome der gleichen Art lagen in dem Toilettenkästchen der Königin Mentuhotep (2. Zw.Zt.) zusammen mit Rhizomen des Cyperus rotundus L. Von beiden Arten duften die Rhizome aromatisch.

Täckholm untersuchte nun aromatische Cyperacee-Knollen im heutigen Ägypten und stellte dabei fest, daß Cyperus articulatus L. unter besonderen Bedingungen knollenförmige Rhizome bildet, die zum Parfümieren der Haare, der Kleidung und von Wasserkesseln benutzt werden[41].

An Hand des von ihr gefundenen Vergleichsmaterials bestimmte sie Rhizome aus Toilettenkästchen des A.R. und M.R. als Cyperus articulatus L. Mit dem von ihr veröffentlichten Photo konnten Rhizome eines kleinen Kästchens aus Kahun (M.R.) auch als Cyperus articulatus L. identifiziert werden[42]. Die Knollen aus dem Kästchen der Königin Mentuhotep ähneln denen sehr, die Täckholm als Cyperus articulatus L. bestimmt hatte, die aus der Hand der Mumie ist leider verlorengegangen. Aber nur aufgrund eines Photos läßt sich in diesem Fall jedoch keine sichere Bestimmung durchführen. Erst ein Vergleich mit den in Ägypten gezogenen Rhizomknollen kann die Frage beantworten, ob es sich bei den Rhizomen aus dem Toilettenkästchen der Königin Mentuhotep um Cyperus longus L. oder Cyperus articulatus L. handelt.

Flechtenthalli der Art Pseudevernia furfuracea (L.) Zopf befanden sich in der Leibeshöhle der

Mumie von Siptah, Ramses IV., eines Priesters der 21. Dyn. und eines unbekannten Mannes der 23.–24. Dyn.[43]. Diese Flechten waren aus Südeuropa oder Kleinasien importiert worden.

Im Königsmumienversteck von Deir el Bahari war unter den Grabbeigaben auch ein Körbchen mit diesen Flechtenthalli.

Entweder aus Indien oder Zentralafrika führten die Ägypter im Neuen Reich Pfefferkörner ein. In der Nasenhöhle der Mumie Ramses' II. entdeckte man erst bei genauer Untersuchung 1975 mehrere Pfefferkörner, die vielleicht zu der Art Piper nigrum L. gehören[44].

Sicher war der Verwendungsbereich dieser 4 Pflanzen sehr viel größer als nur für die Mumifizierung. Von den Wacholderbeeren wissen wir z. B. aus den altägyptischen medizinischen Texten, daß sie dort sehr häufig verordnet wurden[45]. Man muß davon ausgehen, daß Pflanzen, die wir heute als Gewürze bezeichnen, im Alten Ägypten in großem Umfang auch als Heilmittel genutzt wurden, wie das in Europa im Mittelalter ja auch der Fall gewesen war. Da viele der in den medizinischen Papyri genannten Drogennamen noch nicht identifiziert sind, verbergen sich darunter vermutlich auch die Namen aromatischer Pflanzen, die wir heute vor allem als Gewürze kennen.

Ursprünglich kamen viele der Gewürzpflanzen aus dem Ostmittelmeerraum, dann wurden sie aber sicherlich auch in den ägyptischen Kräutergärten angebaut.

Aus Grabfunden sind uns belegt der Koriander (Coriandrum sativum L.), die Gartenkresse (Lepidium sativum L.) und der Schwarzkümmel (Nigella sativa L.)

Von Süden her nach Ägypten kam der Ajowankümmel (Trachyspermum ammi [L.] Sprague) und die Samen des Myrrhestrauches (Commiphora opobalsamum Engl.), die wohl nur als Heilmittel dienten.

Als Gewürz, Heilmittel und Duftstofflieferant importierten die Ägypter auch das Bartgras Cymbopogon schoenanthus (L.) Spreng. aus Palästina oder dem Sudan. Noch heute wird daraus das in der Parfümindustrie verwendete Kamelgrasöl hergestellt. Im Königsmumienversteck von Deir el Bahari befanden sich einige Rispenteile dieses Grases unter den Flechtenthalli.

Für die römische Zeit lassen sich dann noch die Früchte der Myrte (Myrtus communis L.), der Ferula gummosa Boiss. und des Seifenbaumes (Sapindus emarginatus Vahl.) nachweisen.

Wichtig waren alle diese aromatischen Pflanzenteile auch für die Herstellung duftender Salböle (siehe auch unter 4. Ölpflanzen).

Aromatische Pflanzenteile

1. Juniperus oxycedrus L. Wacholderbeeren und Samen
   S. Schw. Nr. 149, Gebelên, Grab des Ani, 11. Dyn., Maspero 1886 (Abb. 32);
   S. Schw. Nr. 148, Theben, M. R., Möller;
   Äg. M. Nr. 20207*, Gurna, Grab 35, in der Hand einer Mumie gefunden, M. R., Grabung Möller 1911[28];
   S. Schw. Nr. 150, Gurna, 18. Dyn., Grabung Möller 1911;
   S. Schw. Nr. 154 und 157, Gurna, 25.–26. Dyn., Maspero;
   S. Schw. Nr. 151, Dra Abu el Nega, griech.-röm., Schiaparelli 1884[25];
   Äg. M. Nr. 7020 (SMPK), S. Schw. Nr. 153, Theben, Passalacqua[37];
   S. Schw. Nr. 152, aus Mumiensärgen des Ägyptischen Museums Berlin;
   S. Schw. Nr. 103. –
2. Cyperus longus L. oder Cyperus articulatus L. Rhizome
   Äg. M. Nr. 1180 (SMPK), Theben, Grab der Königin Mentuhotep, 2. Zw.Zt., Passalacqua[46] (Abb. 33);

Äg.M. Nr. 20198[*], Gurna, Grab 35, in der Hand einer Mumie gefunden, M.R., Grabung Möller 1911[28]. –

3. Pseudevernia furfuracea (L.) Zopf Thalli
S.Schw. Nr. 273, 391, Theben, Cachette Deir el Bahari, 21. Dyn.[9] (Abb. 34). –

4. Coriandrum sativum L. Teilfrucht
S.Schw. Nr. 35, Theben, Cachette Deir el Bahari, 21. Dyn.[9] –

5. Lepidium sativum L. Samen
Äg.M. Nr. 14212 (SMPK), S.Schw. Nr. 162, Theben, griech.-röm., Todros 1898;
S.Schw. Nr. 380h, Geschenk des Museums Florenz[47]. –

6. Nigella sativa L. Samen
Äg.M. Nr. 6997 (SMPK), Theben, Sammlung Passalacqua[37]. –

7. Trachyspermum ammi (L.) Sprague Teilfrüchte
S.Schw. Nr. 380a, Geschenk des Museums Florenz[47]. –

8. Commiphora opobalsamum Engl. Steinkerne
Äg.M. Nr. 7001 (SMPK), Theben, Sammlung Passalacqua[37] (Abb. 35);
Äg.M. Nr. 3331 (SMPK). –

9. Cymbopogon schoenanthus Spreng. Rispenteil
S.Schw. Nr. 17, Theben, Cachette Deir el Bahari, 21. Dyn.[9]. –

10. Myrtus communis L. Früchte
Äg.M. Nr. 3374[*], Hawara, röm., Brugsch 1893. –

11. Ferula gummosa Boiss. Teilfrüchte
S.Schw. Nr. 92, Antinoe, 3. Jahrh. n. Chr., Gayet 1903[48] (Abb. 36). –

12. Sapindus emarginatus Vahl. Früchte
Äg.M. Nr. 7021 (SMPK), Theben, Sammlung Passalacqua[37] (Abb. 37). –

6. NAHRUNGSMITTEL

6.1. Getreide

Bis zur Ptolemäerzeit spielten in Ägypten nur zwei Getreidearten eine wirtschaftliche Rolle, Gerste (Hordeum vulgare L.) und Emmer (Triticum dicoccum Schübl.). Beide Kulturpflanzen sind durch Funde aus vorgeschichtlicher Zeit schon für das Ende des 5. Jahrtausend v. Chr. im Niltal nachgewiesen.

Die Kultur von Emmer und Gerste war die wirtschaftliche Grundlage des Pharaonenreiches, und spätestens im Neuen Reich wurde Getreide dort als Zahlungsmittel benutzt.

Nach Überflutung der Felder durch die jährliche Nilschwemme säte man das Getreide Ende Oktober oder Anfang November in die noch feuchten Felder. Durch den Bau von Dämmen und Kanälen stauten die Ägypter das Nilwasser in Bassins für spätere Bewässerungen. In den Monaten April/Mai war dann Erntezeit. Das Getreide schnitt man mit Sicheln kurz unterhalb der Ähren ab, breitete es auf der Tenne aus und trieb Huftiere im Kreis darüber. Diese traten das Korn aus.

Getreide verarbeiteten die Ägypter vor allem zu Brot und zu Bier. Es gehört zu den üblichen Grabbeigaben, wobei die Körner oft noch von Spelzen umschlossen sind. Auch gekeimte Gerste, die man zur Bierbereitung benötigte, fand man in einigen Gräbern.

Am Bau der Totentempel des Sahure und Neuserre (5. Dyn.) in Abusir ist eine merkwürdige Sitte zu beobachten. Aus noch ungeklärten Gründen schütteten die Ägypter große Mengen ausgedroschene Emmerspreu unter die Fußbodenplatten.

Borchardt hatte zuerst den Tempel des Neuserre ausgegraben. Unter dessen Fundament waren im M. R. Gräber ausgehoben worden, deren Decken nur mit leichten Holzbalken abgestützt waren, die im Laufe der Jahrhunderte brachen. Als Borchardt die Gräber öffnete, waren zwei ganz mit Emmerspreu ausgefüllt, auch die eingedrückten Särge[49]. Zunächst datierte Borchardt diese Emmerspreu in das Mittlere Reich. Als er aber den Totentempel des Sahure ausgrub[50], fand er wieder Emmerspreu, diesmal eindeutig zwischen Fundament und Fußbodenplatten. Spätere Grabbauten befinden sich hier nicht.

Durch diesen zweiten Grabungsbefund muß nun die Datierung M. R. für die Emmerspreu aus dem Totentempel des Neuserre stark in Frage gestellt werden. Vermutlich befand sich die Emmerspreu auch dort zwischen Bodenplatten und Fundament. Als die Deckenbalken der M. R. Gräber einbrachen, rutschte die Spreu heraus und fiel in die Gräber.

Schweinfurth[46] untersuchte die Emmerspreu und stellte fest, daß Hüll-Deck- und Vorspelze in den meisten Fällen noch vollkommen erhalten waren, manche hatten sogar bis 3 cm lange Grannenreste. Ein Teil der Ährchen enthielt auch noch Körner, und sogar zusammenhängende Ährenteile fanden sich unter der Spreu.

Es ist allerdings völlig unklar, warum die Ägypter die Emmerspreu unter die Bodenplatten der Totentempel schütteten. Borchardt vermutete zuerst, daß sie Teil einer Gründungszeremonie wäre. Vom N. R. an sind in den Tempeln Szenen abgebildet, die ein Ausstreuen von bsn-Körnern über ein

Tempelmodell zeigen[51]. Bsn ist allerdings kein Getreide, meist wird es mit Kalk übersetzt. Eine Verbindung zwischen der Emmerspreu der Totentempel und diesen Tempelszenen läßt sich nicht ziehen.

Als Schweinfurth die Getreidekörner seiner Sammlung bestimmte, war die Erforschung der Abgrenzungsmerkmale der einzelnen Getreidearten noch in den Anfängen. So befinden sich in seiner Sammlung auch einige Getreidekörner, deren Bestimmung unsicher ist. Drei Weizenfunde bezeichnete Schweinfurth als Saatweizen (Triticum sativum L.). Täckholm[52] untersuchte dieses Material aber später und ordnete es auch dem Emmer (Triticum dicoccum Schübl.) zu. Unklar bleibt allerdings die Frage, ab wann in Ägypten Hartweizen (Triticum durum Desf.) kultiviert wurde. Bisher ist noch kein Fund von Triticum durum Desf. aus vorrömischer Zeit eindeutig identifiziert worden. Die in älterer Literatur als Hartweizen bezeichneten Funde stellten sich später meist als gedroschener Emmer oder Gerste heraus.

Die Gerstefunde der Berliner Sammlungen gehören alle der Art Hordeum vulgare L. und der Unterart Mehrzeilige Gerste (convar. hexastichon Alef.) an. Zweizeilige Gerste wurde bisher noch nicht eindeutig für das Alte Ägypten nachgewiesen[53].

Außer den beiden Arten Gerste und Emmer ist keine andere Getreideart für das vorrömische Ägypten mit Sicherheit durch Funde belegt. Man nimmt an, daß die Kultur der heute in Ägypten so beliebten Hirseart Durra (Sorghum bicolor [L.] Moench.) erst in römischer Zeit im Niltal eingeführt wurde. Es befinden sich aber zwei Sorghum-Halmstücke in den Berliner Sammlungen, die auf einen Kulturbeginn bereits im N. R. hindeuten. Das Fehlen von Sorghum-Körnern unter den Grabbeigaben ist kein Beweis, daß diese Pflanze nicht angebaut wurde. Es gibt eine Reihe von Pflanzen, von denen wir wissen, daß sie im N. R. in Ägypten genutzt wurden, die aber trotzdem nicht unter den Grabbeigaben auftauchen, so z. B. der Sesam, Samen des Moringaölbaumes und eine Reihe von Hülsenfrüchten wie die Saubohne (Vicia faba L.) und die Langbohne (Vigna unguiculata [L.] Walp.).

Das Sorghum-Halmstück der Sammlung Schweinfurth ist leider nicht eindeutig zu datieren. Schweinfurth schrieb dazu[8]: „Am 23. März 1904 besuchte ich die von Prof. Schiaparelli geleiteten Ausgrabungen in den Gräbern der Königinnen, Theben. Der Grabstollen des Nib-Ari von der 18. Dyn. war eben geräumt und unter dem herausgeförderten Schutt fand ich einen Halm *Sorghum* liegen, der offenbar *altes Gepräge* darbot, nicht etwa neuerdings hineingebracht worden sein kann. Da aber alle diese Gräber schon im Altertum und in arab. Zeit durchsucht worden sind, ist nicht ausgeschlossen, daß dieses Stück gelegentlich einer früheren Plünderung in den Stollen hineingeraten wäre. Aber auch das Gegenteil kann der Fall sein!"

Im Gegensatz zu diesem Halmstück ist die Datierung des zweiten Fundes eindeutig. Im Grab der Maket (19.–20. Dyn.) in Kahun fand Petrie[54] zwei Rohrflöten. Als Behälter für sie diente ein Sorghum-Halmstück, das Schweinfurth 1912 untersuchte und bestimmte, als die Flöten als Teil des Kennard-Nachlasses nach Berlin kamen.

Im Landwirtschaftsmuseum Kairo befindet sich der Teil einer Durra-Rispe aus Gebelên, die angeblich aus dem A. R. stammen soll. Täckholm bezweifelt allerdings dieses Alter aufgrund des Aussehens dieses Fundes. Man kann nur hoffen, daß Material aus neueren Grabungen die Frage eines Tages beantworten kann, wann der Sorghum-Anbau in Ägypten begann.

Getreide-Funde

1. Triticum dicoccum Schübl. Spreu oder Körner
   S. Schw. Nr. 325, bei Silsila, 1.–2. Dyn., Legrain und Lampre 1891;

Äg. M. Nr. 3069 (SMPK), S. Schw. Nr. 310, 330, 338, Abusir, Totentempel des Sahure, 5. Dyn.[50];

Äg. M. Nr. 16193 (SMPK), S. Schw. Nr. 311, 312 (Abb. 39), 313, 314, 315, 316, 317, 319, 328, 329, Abusir, Totenstempel des Neuserre, 5. Dyn.[36]

Äg. M. Nr. 3357 (SMPK), S. Schw. Nr. 322, 337, Gebelên, Grab des Ani, 11. Dyn., Maspero 1886[25];

S. Schw. Nr. 340, Theben, 12. Dyn., Möller 1914;

Äg. M. Nr. 14655 (SMPK), S. Schw. Nr. 321, Deir el Bahari, 18. Dyn., Maspero 1888;

S. Schw. Nr. 332, Theben, 18. Dyn., Möller 1911;

Äg. M. Nr. 21521*, 23981 (SMPK), Deir el Medineh, 18. Dyn., Möller 1913[55];

S. Schw. Nr. 331, Gurna 18.–19. Dyn., Todros;

S. Schw. Nr. 324, Deir el Bahari, 21. Dyn., Maspero 1881;

Äg. M. Nr. 14656 (SMPK), S. Schw. Nr. 309 (Abb. 40), 326, 333, 334, 336, 339, 341, Gebelên, griech.-röm., Todros 1899;

S. Schw. Nr. 323, Theben-Karnak, Loret 1908;

Äg. M. Nr. 7011 (SMPK und SMZB), Lepsius;

S. Schw. Nr. 318, aus Mumiensärgen des Ägyptischen Museums Kairo;

S. Schw. Nr. 103;

Äg. M. Nr. 3358*. –

2. Triticum durum (?) Desf.

S. Schw. Nr. 335, 5. Dyn.

3. Hordeum vulgare L.

S. Schw. Nr. 111 und 119 Kawamil, vordyn.;

S. Schw. Nr. 327, Naga ed Dèr, aus dem Rektum einer Naturmumie, vordyn.;

S. Schw. Nr. 106, bei Silsila, 1.–2. Dyn., Legrain und Lampre 1897;

S. Schw. Nr. 105, Saqqarah, 5. Dyn., Grabung Mariette[9];

Äg. M. Nr. 3368 (SMPK), S. Schw. Nr. 118 (Abb. 41), Gebelên, Grab des Ani, 11. Dyn., Maspero[25];

S. Schw. Nr. 108, 113, 116, 369, Meir, Speichermodell des Rahotep, 12. Dyn., Kamal 1910[39];

Äg. M. Nr. 3378*, S. Schw. Nr. 110, Dra Abu el Nega, 12. Dyn., Mariette;

S. Schw. Nr. 112, Gurna, 18. Dyn., Möller 1911;

S. Schw. Nr. 127, Gurna 18. Dyn. (gemalzt);

S. Schw. Nr. 107, Theben, Grab Amenophis II., 18. Dyn. (Maische);

Äg. M. Nr. 21521*, Deir el Medineh, 18. Dyn., Möller 1913[55];

S. Schw. Nr. 109, Dra Abu el Nega, röm., Schiaparelli 1885 (gemalzt);

S. Schw. Nr. 115, Gebelên, griech.-röm., Todros 1899;

S. Schw. Nr. 104, 114, 126, Elephantine, griech.-röm., Rubensohn 1907;

S. Schw. Nr. 120, 121, 122, 123, aus Mumiensärgen des Ägyptischen Museums Berlin;

Äg. M. Nr. 7010 (SMPK), Theben, Sammlung Passalacqua[37];

Äg. M. Nr. 7011 (SMPK und SMZB), Lepsius;

S. Schw. Nr. 103. –

4. Sorghum bicolor (L.) Moench. Halmstücke

Äg. M. Nr. 20664 (SMPK), Kahun, Grab der Maket, 19.–20. Dyn.[54] (Abb. 38);

S. Schw. Nr. 308, Theben, Tal der Königinnen, Grab des Neb-jrj, gef. 1904. –

6.2. Hülsenfrüchte

Hülsenfrüchte gehören zu den Nahrungsmitteln des Alten Ägypten, die nur in ganz seltenen Ausnahmefällen dem Verstorbenen als Versorgung für das Jenseits mit ins Grab gegeben wurden. Aus uns nicht bekannten religiösen Gründen nahm man Hülsenfrüchte nicht als Grabbeigaben. Nur in einem Grab des M. R. fand Mariette in Tonschalen Linsenbreiklumpen, in denen einzelne Linsen noch gut erhalten waren[9]. So beruht unsere Kenntnis über diese Nahrungsmittelgruppe fast ausschließlich auf Zufallsfunden. Nur als eine Art Verunreinigung unter Gerste oder Emmer konnten bisher ein oder zwei Samen einer Kultur-Hülsenfrucht entdeckt werden, die uns zeigen, welche Arten überhaupt angebaut wurden und zu welcher Zeit.

In der Sammlung Schweinfurth befinden sich Exemplare von 5 Kultur-Hülsenfruchtarten, die gegessen wurden: Linse (Lens culinaris Medik.), Saubohne (Vicia faba L.), Ägyptische Lupine (Lupinus termis Forssk.), Straucherbse (Cajanus cajan [L.] Huth.) und Langbohne (Vigna unguiculata [L.] Walp.). Aus anderen Grabungen konnten für das M. R. als Nahrungsmittel noch die Linsenwicke (Vicia ervilia [L.] Willd.) und für das N. R. die Kichererbse (Cicer arietinum L.) und der Bockshornklee (Trigonella foenum graecum L.) nachgewiesen werden[53].

Leider geben aber alle diese Funde keine Auskunft darüber, welchen Umfang die Hülsenfrucht-Kultur im Alten Ägypten hatte. Auch wissen wir nicht, welche Rolle Hülsenfrüchte in der Ernährung der Bevölkerung, vielleicht vor allem der ärmeren Schichten, hatte.

Funde von angebauten, eßbaren Hülsenfrüchten

1. Lens culinaris Medik.
   S. Schw. Nr. 163, Dra Abu el Nega, 12. Dyn., Mariette (Linsenbrei)[9];
   S. Schw. Nr. 122, aus Mumiensärgen des Ägyptischen Museums Berlin (unter Gerste gefunden). –
2. Vicia faba L.
   S. Schw. Nr. 387, Abusir, Totentempel des Sahure, 5. Dyn., Borchardt 1909 (unter Emmerspreu gefunden);
   S. Schw. Nr. 32 b, Dra Abu el Nega, 12. Dyn., Mariette[9] (Abb. 42);
   S. Schw. Nr. 122, aus Mumiensärgen des Ägyptischen Museums Berlin (unter Gerste gefunden). –
3. Lupinus termis Forssk.
   S. Schw. Nr. 191, Theben, 22. Dyn., Schiaparelli 1885 (Abb. 43);
   S. Schw. Nr. 192*, Gebelên, griech.-röm., Todros. –
4. Cajanus cajan (L.) Huth.
   S. Schw. Nr. 32 a, Dra Abu el Nega, 12. Dyn., Mariette[9] (Abb. 44). –
5. Vigna unguiculata (L.) Walp.
   S. Schw. Nr. 385, Abusir, Totentempel des Sahure, 5. Dyn. –

6.3. Palmfrüchte

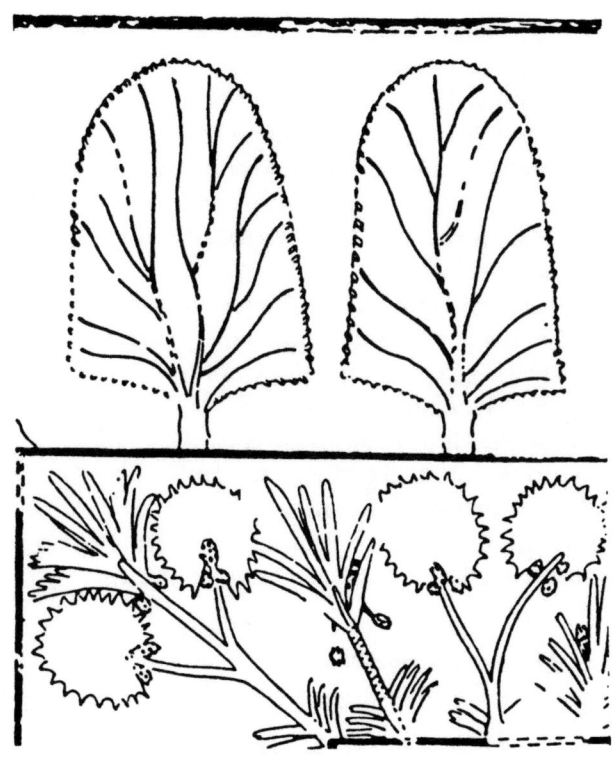

Gartendarstellung aus dem Grab des Rechmire, 18. Dyn., mit Dumpalmen, Dattelpalmen und Laubbäumen
(Nach Davies[56])

Drei Palmenarten kultivierten die Ägypter, die Dattelpalme (Phoenix dactylifera L.), die Dumpalme (Hyphaene thebaica [L.] Mart.) und die Argunpalme (Medemia argun Württemb. ex
Mart.). Sie pflanzten diese Palmen als Einzelbäume in ihren Gärten oder in Palmhainen an, auch
an trockeneren Standorten, an denen die Palmen nur mit künstlicher Bewässerung wachsen
konnten.

Die Kultur der Dattelpalme begann in Ägypten sicherlich schon in vorgeschichtlicher Zeit[57]. Da
die durch den Wind bestäubten Bäume nur harte, kaum genießbare Früchte ausbilden, wird man
im Niltal, ebenso wie im Zweistromland, schon sehr früh eine künstliche Bestäubung durch das
Aufhängen von reifen männlichen Blütenständen praktiziert haben.

Im Alten Ägypten aß man die Datteln vor allem als Obst, und sie werden vom A. R. an in den
Opferlisten aufgeführt. Als Grabbeigabe ist die Dattel allerdings erst seit dem M. R. belegt[58]. Aus
dem Fruchtfleisch der Dattel stellten die Ägypter ein Getränk her, das auch als Zusatz bei der
Bierherstellung Verwendung fand. Außer als Nahrungsmittel nutzte man die Datteln auch als
dekorativen Bestandteil von Blumengebinden. In dem Stabstrauß aus dem Grab Amenophis' II.
steckten aufgespießte Datteln[59] wie auch in einem Gewinde der griech.-röm. Zeit aus Hawara.

Junge, unreife Datteln und Dattelblüten verarbeiteten die Ägypter zu Schmuckketten (siehe unter 12. Schmuckketten aus Pflanzenteilen).

Die Dumpalme ist ein in Ägypten heimischer Baum. Sie wächst mit einem sich gabelförmig verzweigenden Stamm und hat große, fächerförmige Blätter. An bis zu 1 m langen Fruchtständen sitzen etwa 40 rotbraun glänzende 7–8 cm lange Früchte. Das Fruchtfleisch der Dumpalmnüsse ist eßbar und schmeckt lebkuchenartig. Der Same besteht aus einem weißen, harten Nährgewebe, das als vegetabilisches Elfenbein genutzt wird.

Dumpalmnüsse sind schon von vorgeschichtlicher Zeit an als Grabbeigaben belegt, oft in Netzen oder Körben verpackt[60].

Die Argunpalme kommt heute in Ägypten nicht mehr vor, sie wächst nur noch vereinzelt in der nubischen Wüste im Sudan. Argunpalmen waren wohl auch im Alten Ägypten nicht sehr häufig angepflanzt, denn zum Baumbestand im Garten des Innj (18. Dyn.) gehörte nur 1 Argunpalme im Gegensatz zu 120 Dumpalmen.

Wie die Alten Ägypter die Argunnüsse gegessen haben, wissen wir nicht. Nach Keimer[61] verzehren die Beduinen die Samen, nachdem diese einige Zeit eingegraben waren, oder sie zerstampfen die Nüsse und vermischen den Brei mit Milch.

Der älteste Fund von Argunnüssen stammt aus der 5. Dyn. Im Ägyptischen Museum Berlin befand sich sogar eine vergoldete Argunnuß, die ein Inschriftenband mit einem leider nicht mehr lesbaren Königsnamen trug.

Funde von Palmfrüchten

1. Phoenix dactylifera L.
   S. Schw. Nr. 278, Gebelên, Grab des Ani, 11. Dyn., Maspero 1885;
   Äg. M. Nr. 21526 (SMPK), Deir el Medineh, Grab DX 3, 18. Dyn., Möller 1913[28];
   Äg. M. Nr. 23983 (SMPK), Deir el Medineh, N. R.[55];
   S. Schw. Nr. 279, Deir el Bahari, Königsmumien Cachette, 21. Dyn., Maspero 1881[9] (Abb. 45);
   Äg. M. Nr. 3361 (SMPK), Dra Abu el Nega, griech.-röm., Schiaparelli 1885[25];
   S. Schw. Nr. 280, Hawara, 2. Jahrh. n. Chr. (aus einem Blumengewinde);
   Äg. M. Nr. 14694 (SMPK), Illahun, Grabung 1900;
   Äg. M. Nr. 7002 (SMPK), 7003 (SMPK), Theben, Sammlung Passalacqua[37];
   S. Schw. Nr. 281, aus Mumiensärgen des Ägyptischen Museums Berlin;
   Äg. M. Nr. 745 (SMPK), Lepsius;
   Äg. M. Nr. 11102 (SMPK) und (SMZB), Geschenk v. Levetzau 1893;
   S. Schw. Nr. 103. –
2. Hyphaene thebaica (L.) Mart.
   Äg. M. Nr. 20170*, Gurna, 18. Dyn., Grabung Möller 1911[28];
   Äg. M. Nr. 21535 (SMPK), Deir el Medineh, Grab DX 3, 18. Dyn., Grabung Möller 1913[28];
   Äg. M. Nr. 23983*, Deir el Medineh, N. R., Grabung Möller 1913[55];
   S. Schw. Nr. 135, Theben, Grab des Sn-n_dm, 19. Dyn., Maspero 1883 (Abb. 46);
   S. Schw. Nr. 283a, Dra Abu el Nega, 20.–26. Dyn., Schiaparelli;
   S. Schw. Nr. 133, Dra Abu el Nega, griech.-röm., Schiaparelli 1885[25];
   Äg. M. Nr. 1332 (SMPK) und 1333*, Saqqarah, Lepsius;
   Äg. M. Nr, 744* und 6999*, Theben, Sammlung Passalacqua;
   S. Schw. Nr. 131, Theben, 1903;
   Äg. M. Nr. 757*, Lepsius;

Äg. M. Nr. 14537 (SMPK), 14597*, von Dr. Reinhardt;
Äg. M. Nr. 7411 (SMPK). –

Fruchtstandteile
Äg. M. Nr. 21535 (SMPK), Deir el Medineh, Grab DX 3, 18. Dyn., Grabung Möller 1913[28];
S. Schw. Nr. 132, Gurna, 18.–19. Dyn., Todros;
S. Schw. Nr. 283 a, Dra Abu el Nega, 20.–26. Dyn., Schiaparelli. –
3. Medemia argun Württemb. ex Mart.
Äg. M. Nr. 20210* und S. Schw. Nr. 197, Gurna, Grab 35, M. R., Grabung Möller 1911[28];
Äg. M. Nr. 3376 (SMPK), Dra Abu el Nega, griech.-röm., Schiaparelli[25];
Äg. M. Nr. 7005 (SMPK), Theben, Sammlung Passalacqua[37];
Äg. M. Nr. 14755 (SMPK), Illahun, Grabung 1900;
S. Schw. Nr. 134, 12. Dyn. (Abb. 47)
S. Schw. Nr. 103
Äg. M. Nr. 1833*, vergoldete Argunpalmnuß, 1857 aus der Sammlung Anastasi erworben. –

6.4. Obst

Obst spielte in der Ernährung der Alten Ägypter eine wichtige Rolle. Schon vom A. R. an finden wir in den Gräbern Darstellungen von Obsternten, und die Gabenträger bringen die verschiedenen Früchte für die Opfer. Auf den Opfertischen sieht man dann die Früchte gestapelt in Körben, Schalen oder kleinen Opferständern aus geflochtenem Rohr. Granatäpfel werden oft auf Schnüre aufgereiht und Weintrauben zu Bündeln zusammengeschnürt transportiert.

Die Ägypter kultivierten zahlreiche Obstarten. Von vorgeschichtlicher Zeit an oder mit dem Beginn der 1. Dyn. haben wir Funde von Sykomorenfeigen (Ficus sycomorus L.), Weinbeeren (Vitis vinifera L.), Früchten des Christdorn (Zizyphus spina christi [L.] Willd.) und der Balanites aegyptiaca Del.

Über die Heimat der Sykomore besteht noch Unklarheit, in Ägypten wächst sie nur als Kulturbaum und wird vegetativ vermehrt. Die zur Befruchtung nötige Gallwespenart Ceratosolen arabicus Mayr kommt in Ägypten nicht vor, sondern nur die Art Sycophaga sycomori L., die aber keine Befruchtung durchführen kann. Diese Situation war auch schon im M. R. gegeben, wie Untersuchungen an Sykomorenfeigen der 11. Dyn. gezeigt haben[63].

Die zu mehreren an einem Stiel wachsenden Sykomorenfeigen sind ohne den Eingriff des Menschen nicht genießbar. Ritzt man die Frucht jedoch mit einem Messer ein, tritt die Reife vor der Entwicklung der in ihr vorhandenen Gallwespen ein, und die Frucht schmeckt dann süßlich. Dieses Einschneiden der Sykomorenfeigen wurde auch im Alten Ägypten praktiziert.

Die Kultur der Weinrebe kam von Palästina aus nach Ägypten. Die Weinanbaugebiete lagen vor allem im Delta, später in römischer Zeit dann auch im Fayum. Wein war ein beliebtes Tafelobst, und vom A. R. an finden wir Darstellungen von der Weinlese und der Weinherstellung in vielen Gräbern.

Der Christdorn und die Balanites aegyptiaca Del. sind beides in Ägypten heimische Gewächse, die wild vorkommen und auch kultiviert wurden. Der Christdorn wächst meist als Strauch oder kleiner Baum und trägt kugelige, gelb-rötliche Steinfrüchte. Das Fruchtfleisch schmeckt süßlich-apfelartig.

Die Balanites aegyptiaca Del. bildet pflaumenartige Steinfrüchte. Aus den Samen gewannen die Alten Ägypter ein gutes Öl (s. u. 4. Ölpflanzen), und das gelbe Fruchtfleisch wurde gegessen.

Opfertisch mit Granatäpfeln, Weintrauben, Melonen, Mimusops-Früchten und Sykomorenfeigen
(Nach Davies[62]) N.R.

Außer diesen vier Obstarten läßt sich dann für das A.R. noch der Anbau der Mimusops schimperi Hochst. und die Nutzung der zur ägyptischen Flora gehörenden Cordia sinensis Lam. durch Funde belegen. Die spitz-eiförmigen Mimusops-Früchte sind gelb, ein süßliches Fruchtfleisch umhüllt 2–3 braun glänzende Samen. Über die Nutzung der Cordia sinensis Lam. wissen wir nichts, es sind bisher nur zwei Funde bekannt geworden. Nach Kunkel[64] sind die Früchte eßbar, und Schweinfurth[65] berichtet, daß in Notzeiten auch die Blätter verzehrt werden.

Aus den Darstellungen wissen wir weiterhin, daß im A.R. auch schon die Eßfeige (Ficus carica L.) und die Melone (Cucumis melo L. var. chate [L.] Naud. ex Boiss.) angepflanzt wurden, von denen wir aber keine Funde aus dieser Zeit haben.

Im M.R. übernahmen die Ägypter die Kultur der Cordia myxa L., ein in Indien beheimateter Baum. Die Steinfrüchte können gegessen werden[64], spielten aber vor allem als Heilmittel und zur Gewinnung eines klebrigen Schleimes eine Rolle.

Neben den angebauten Obstarten wurden aber auch Wildfrüchte gesammelt wie die Maerua crassifolia Forssk. und die Cocculus pendulus (I.R. & G. Forst.) Diels.

Als sehr beliebtes Obst taucht zu Beginn des N.R. in Ägypten der Granatapfel auf, dessen Kultur aus Palästina eingeführt wurde.

Zahlreiche neue Obstarten finden wir dann im Ägypten der griech.-röm. Zeit. Vor allem in den griechischen Siedlungen des Fayum versuchte man, die den Griechen und Römern vertrauten Obstbäume anzupflanzen, deren Kultur sich aber in Ägypten damals nicht durchsetzte. Durch Grab-

funde sind der Pfirsich (Prunus persica [L.] Batsch.), die Aprikose (Prunus armeniaca L.), die Sauerkirsche (Prunus cerasus L.), die Birne (Pyrus communis L.) und der Speierling (Sorbus domestica
L.) belegt.

Funde von Obst

1. Ficus sycomorus L.
   Äg. M. Nr. 14898 (SMZB), 14899 (SMZB), S. Schw. Nr. 81, 85, Abydos, 1.–2. Dyn., Ameli-
   neau;
   Äg. M. Nr. 15537*, Abydos, 1.–2. Dyn., Petrie;
   S. Schw. Nr. 83, Gebelên, 1.–2. Dyn. (verschenkt an das Heimatmuseum Wiesloch);
   Äg. M. Nr. 16755 (SMPK), Abusir, Grab des Kahotep, 5. Dyn., Borchardt[66];
   Äg. M. Nr. 3354 (SMPK), 3355 (SMPK), 3356 (SMPK), S. Schw. Nr. 77 (Abb. 48), 86, Gebe-
   lên, Grab des Ani, 11. Dyn., Maspero 1885[25]
   Äg. M. Nr. 1392 (SMPK), Saqqarah, 2. Zw.Zt., Lepsius;
   Äg. M. Nr. 21528 (SMPK), Deir el Medineh, Grab DX 3, 18. Dyn., Grabung Möller 1913[28];
   S. Schw. Nr. 90, Dra Abu el Nega, Grab Nr. 7, 19. Dyn., Spiegelberg und Newberry 1899;
   S. Schw. Nr. 80, Theben, N. R.;
   S. Schw. Nr. 91, N. R., Ägyptisches Museum Kairo;
   S. Schw. Nr. 78, Dra Abu el Nega, 20.–26. Dyn., Schiaparelli 1885;
   S. Schw. Nr. 366, Gurna, 20.–26. Dyn.;
   S. Schw. Nr. 79, Gebelên, griech.-röm., Maspero 1885[25];
   Äg. M. Nr. 7026 (SMPK), Theben, Sammlung Passalacqua[37];
   Äg. M. Nr. 14694 (SMPK), Grabung Illahun 1900. –
2. Ficus carica L.
   Äg. M. Nr. 7024 (SMPK), Theben, Sammlung Passalacqua[37] (Bruch)
3. Vitis vinifera L.
   Äg. M. Nr. 14902*, S. Schw. Nr. 348, 351, 354, Negade, 1. Dyn. (Samen);
   Äg. M. Nr. 1392 (SMPK), Saqqarah, 2. Zw.Zt., Lepsius;
   Äg. M. Nr. 21527 (SMPK), Deir el Medineh, Grab DX 3, 18. Dyn., Grabung Möller 1913[28];
   S. Schw. Nr. 347, Theben, 18.–19. Dyn.;
   Äg. M. Nr. 3365 (SMPK), S. Schw. Nr. 356, Deir el Bahari, Königsmumien Cachette,
   21. Dyn., Brugsch 1881;
   Äg. M. Nr. 3364 (SMPK), S. Schw. Nr. 355, Gebelên, griech.-röm., Maspero 1885[25];
   Äg. M. Nr. 7004 (SMPK), Theben, Sammlung Pasallacqua[37];
   Äg. M. Nr. 745 (SMPK), Lepsius. –
4. Zizyphus spina christi (L.) Willd.
   S. Schw. Nr. 364, Kom el Ahmar, 1.–4. Dyn., Quibell 1898;
   S. Schw. Nr. 382, Abusir, Totentempel des Sahure, 5. Dyn.;
   S. Schw. Nr. 363, Abusir, Totentempel des Neuserre, 5. Dyn.[36,46];
   Äg. M. Nr. 3372 (SMPK), 3373 (SMPK), S. Schw. Nr. 360, 362, Gebelên, Grab des Ani,
   11. Dyn.[67];
   S. Schw. Nr. 365, Meir, 12. Dyn., Grab des Rahotep, Kamal[39];
   Äg. M. Nr. 21531 (SMPK), Deir el Medineh, Grab DX 3, 18. Dyn., Grabung Möller 1913[28];
   Äg. M. Nr. 3371 (SMPK), S. Schw. Nr. 361, Gebelên, griech.-röm., Maspero 1885;

Äg. M. Nr. 17385 (SMPK), Abusir, Grabung DOG 1903/4 (Abb. 54);

Äg. M. Nr. 7000 (SMPK), Theben, Sammlung Passalacqua;

Äg. M. Nr. 1421 (SMPK), Lepsius;

S. Schw. Nr. 380 d, Geschenk des Museums Florenz Nr. 3611. –

5. Balanites aegyptiaca Del. (Abb. 49)

Siehe unter 4. Ölpflanzen. –

6. Mimusops schimperi Hochst.

S. Schw. Nr. 383, Abusir, Totentempel des Sahure, 5. Dyn.;

S. Schw. Nr. 207, Abusir, Totentempel des Neuserre, 5. Dyn.[36,46];

Äg. M. Nr. 1392 (SMPK), Saqqarah, 2. Zw. Zt., Lepsius;

S. Schw. Nr. 201, Theben, Grab des Ḳenamun, 18. Dyn. (Abb. 50);

S. Schw. Nr. 213, Theben, 18. Dyn., Grabung Möller 1911;

Äg. M. Nr. 21534*, 21537 (SMPK), 23983 (SMPK), Deir el Medineh, Grab DX 3, 18. Dyn., Grabung Möller 1913[55];

S. Schw. Nr. 202, Theben, N. R.;

Äg. M. Nr. 3362 (SMPK), 3363 (SMPK), S. Schw. Nr. 203, 206, Dra Abu el Nega, griech.-röm., Schiaparelli 1885[25];

S. Schw. Nr. 209, Gebelên, griech.-röm., 1899;

S. Schw. Nr. 211, Elephantine, röm., Gauthier 1909;

S. Schw. Nr. 210, Theben, gefunden 1903;

S. Schw. Nr. 212, Assiut, gefunden 1885;

Äg. M. Nr. 7008 (SMPK), Theben, Sammlung Passalacqua[37];

S. Schw. Nr. 380 i, Geschenk des Museums Florenz[47];

S. Schw. Nr. 103. –

7. Cordia sinensis Lam. (Samen)

S. Schw. Nr. 50, Abusir, Totentempel des Sahure, 5. Dyn.;

S. Schw. Nr. 51, Theben, 18. Dyn., Grabung Möller 1911 (Abb. 51). –

8. Cordia myxa L. (Same)

S. Schw. Nr. 378, Theben, Grab 35, M. R., Grabung Möller 1911. –

9. Maerua crassifolia Forssk.

S. Schw. Nr. 195, Gebelên, Grab des Ani, 11. Dyn., Maspero 1885 (Abb. 52). –

10. Cocculus pendulus (I. R. & G. Forst.) Diels

Äg. M. Nr. 3379 (SMPK), Gebelên, Grab des Ani, 11. Dyn., Maspero 1885[67] (Abb. 53). –

11. Punica granatum L.

Äg. M. Nr. 21530 (SMPK), 23902* (mit Durchbohrung und alter Schnur), Deir el Medineh, Grab DX 3, 18. Dyn., Grabung Möller 1913[28];

Äg. M. Nr. 1313 (SMPK), 1314 (SMPK), 1315 (SMPK), 1316 (SMPK) Saqqarah, Lepsius;

Äg. M. Nr. 6998 (SMPK), Theben, Sammlung Passalacqua[37];

Äg. M. Nr. 16878*, Abusir el Meleq, Grabung Rubensohn 1903;

Äg. M. Nr. 745 (SMPK), 757*, Lepsius;

S. Schw. Nr. 291, aus Mumiensärgen des Ägyptischen Museums Berlin

12. Prunus cerasus L.

Äg. M. Nr. 16224 (SMPK), Abusir, Grabung DOG 1901/2

6.5. Zwiebelgewächse

Für die Kulturpflanzenforschung von besonderem Interesse aus der Gruppe der Zwiebeln bilden-
den Pflanzen sind die zur Familie der Liliaceae gehörenden Allium-Arten. Es sind vor allem die im
heutigen Ägypten in großem Umfang angebauten Nutzpflanzen Küchenzwiebel (Allium cepa L.),
Knoblauch (Allium sativum L.) und der Porree (Allium porrum L.). Küchenzwiebeln lassen sich
häufig unter den Opferdarstellungen in den Gräbern des A.R. erkennen, ihr Anbau und Bewässerung wird gezeigt, und die Opferlisten nennen Zwiebeln. Außerdem spielten Küchenzwiebeln in
der Medizin eine Rolle und im kultisch-religiösen Bereich, denn zum Sokarfest trug man eine Zwie-
belkette um den Hals. Auch bei der Mumifizierung verwendete man manchmal Zwiebeln, um die
leeren Augenhöhlen der Mumien auszufüllen[68].

  Knoblauch scheint in Ägypten von vorgeschichtlicher Zeit an kultiviert worden zu sein. In Gräbern dieser Zeit aus Mahasna und Negade[69] fand Petrie kleine Knoblauch-Zwiebel-Tonmodelle mit
der typischen Unterteilung der Zwiebel in Zehen. Aus Darstellungen läßt sich der Knoblauch nicht
identifizieren. Grabfunde sind seit der 18. Dyn. bekannt.

  Ob und ab wann der Porree im Alten Ägypten angebaut wurde, läßt sich aus der Fundsituation
nicht eindeutig sagen. Täckholms[70] Angaben in ihrer Flora unter Porree und Knoblauch darüber,
welches Material in Berlin während des Zweiten Weltkrieges zerstört wurde und auf welche Funde
sich Volkens mikroskopisch-anatomischen Untersuchungen beziehen, sind nicht ganz korrekt. Aus
Schweinfurths Unterlagen läßt sich folgende Situation rekonstruieren: In einem Grab der 20.–26.
Dyn. im Assasif fand Schiaparelli ein etwa 60 cm langes Bündel von Allium Stengeln und Blättern.
Eine Schnur aus Dattelpalmblattstreifen hielt das Bündel zusammen, die Zwiebeln waren alle abge-
fallen. Diese Blätter untersuchte Volkens und stellte fest, daß die Blattränder dicht mit Zähnchen
besetzt waren und an der Unterseite eine Leistenverdickung trugen[25]. Diese Kennzeichen sprachen
seiner Meinung nach gegen eine Identifizierung als Porree, und er bestimmte das Material als Knoblauch (Allium sativum L.). Zum gleichen Ergebnis kam auch Prof. Magnus. Täckholm[70] gab aber
zu bedenken, daß eine besonders in Ägypten angebaute Porree-Art Allium kurrat Sfth. et Krause
manchmal auch solche Auswüchse zeigt und Volkens vielleicht dieses Vergleichsmaterial nicht mit
in seine Untersuchungen einbezogen hat.

  Ein Teil dieses Materials befand sich im Ägyptischen Museum (Nr. 9687) und wurde im letzten
Krieg zerstört. Ein anderer Teil ist aber noch in der Sammlung Schweinfurth (Nr. 14) vorhanden. Es
wäre wünschenswert, daß diese Blätter und Stengel noch einmal von einem Fachmann auf diesem
Gebiet untersucht würden, um eindeutig festzustellen, ob es sich um Knoblauch oder um den
Ägyptischen Porree handelt.

  In Dra Abu el Nega fand Schiaparelli dann in einem Grab drei weitere, 10–12 cm lange Päckchen
von Allium-Blättern und Stengeln. In seiner Publikation dieses Fundes 1887, dessen Alter entweder
auch 20.–26. Dyn. oder griech.-röm. ist, schrieb Schweinfurth[25], daß es sich um die gleiche Art
handelt wie bei dem Fund aus dem Assasif, also um Knoblauch (Allium sativum L.). Dennoch kam
das Material 1892 unter der Bezeichnung Porree (Allium porrum L.) in das Ägyptische Museum mit
der Inventar-Nr. 12407-8 und wurde im Krieg zerstört. In der Sammlung Schweinfurth befinden
sich keine Reste mehr davon, die eine erneute Überprüfung ermöglichen würden.

Allium-Funde

1. Allium cepa L. (Stengel)
   Äg.M. Nr. 12402[*], Hawara[71], röm. –
2. Allium sativum L. (eine Zwiebel)
   Äg.M. Nr. 11105[*], Hawara, röm., von Levetzau 1893. –
3. Vermutlich Allium sativum L. (Stengel und Blätter)
   Äg.M. Nr. 9687[*], S.Schw. Nr. 14 (Abb. 55), Assasif, 20.–26. Dyn., Schiaparelli 1883;
   Äg.M. Nr. 12407[*], 12408[*], Dra Abu el Nega, 20.–26. Dyn. oder griech.-röm., Schiaparelli 1885. –
4. Unbestimmte Allium-Art
   Äg.M. Nr. 7028[*]. –

6.6. Diverse Nahrungsmittel

Bei der Besprechung der Öl liefernden Pflanzen (s. u. 4.) war schon erwähnt worden, daß diese z. T. auch als Nahrungsmittel dienten. Da über die Speisezubereitung bei den Alten Ägyptern nicht viel bekannt ist, kann man nur versuchen, aus kleinen Hinweisen Rückschlüsse auf die Ernährungsgewohnheiten zu ziehen.

Erdmandeln, also die Rhizomknollen der Cyperus esculentus L., wurden als Brei gegessen, wie die Untersuchung des Darminhaltes einer vordynastischen Naturmumie aus Naga-ed-Dêr zeigte[72], und Erdmandelbrei fand in der Medizin als Drogengrundlage und hochwertiges Nahrungsmittel eine vielseitige Verwendung[45].

Über die Nutzungsweise der Mandel (Prunus amygdalus Stock.) wissen wir gar nichts, sie ist nur aus Grabfunden von der 18. Dyn. an bekannt. Außer zur Ölgewinnung (s. u. 4.) verwendete man vermutlich Mandeln, wie auch heute, für Konfekt und Backwaren. Der Lein (Linum usitatissimum L.) wurde hauptsächlich wegen der Stengelfasern angebaut. Da aber in den Gräbern von vorgeschichtlicher Zeit an auch zahlreiche Gefäße mit Leinsamenkapseln gefunden wurden, ist anzunehmen, daß man die Samen auch gegessen und das Öl daraus gewonnen hat (s. u. 4.).

Als sehr häufige Beigabe findet man in den Gräbern die Samen einer kleinen in Ägypten kultivierten Wassermelonenart Citrullus lanatus (Thunb.) Matsum. et Nakai var. colocynthoides Schwf. Das Fruchtfleisch dieser Melone ist nicht eßbar, sondern nur die Samen, die heute meist geröstet und gesalzen verzehrt werden. Aus Kleinasien oder dem Libanon führte man schon im M. R. die Piniennüsse, die Samen der Pinus pinea L., ein. Piniennüsse sind ölhaltig und schmecken mandelartig. In Saqqarah fand Quibell einen leider nicht datierbaren Topf mit gerösteten Piniennüssen[73]. Daraus kann man wohl schließen, daß die Ägypter zumindest einen Teil der Piniennüsse auf diese Weise zubereitet verzehrten. Erstaunlich ist die Tatsache, daß man in den Gräbern mehrfach Pinienzapfen oder Teile davon fand, wo doch nur die Samen eßbar sind.

Erst in römischer Zeit läßt sich der Import von Haselnüssen aus Kleinasien oder dem nördlichen Libanon nachweisen. Herr Dr. Kosina, Warschau, war so freundlich, die Photos des altägyptischen Materials zu begutachten. Auch er ist der Meinung, daß es sich hierbei mit sehr großer Wahrscheinlichkeit um die Art Corylus avellana L. und nicht um den Baum-Hasel Corylus colurna L. handelt.

Funde

1. Cyperus esculentus L.
   Siehe unter Ölpflanzen 4. und Abb. 26
2. Prunus amygdalus Stock.
   Siehe unter Ölfplanzen 4. und Abb. 31.
3. Linum usitatissimum L. (Kapseln)
   Äg.M. Nr. 18922*, Abusir el Meleq, Grab 7g5, vordyn., DOG Grabung 1905[74];
   S.Schw. Nr. 169, Abusir el Meleq, vordyn., Grabung Möller 1906;
   S.Schw. Nr. 388, Abusir, Totentempel des Sahure, 5. Dyn.;
   S.Schw. Nr. 168, 1 Same, Meir, Grab des Rahotep, 12. Dyn.[39];
   S.Schw. Nr. 165, Dra Abu el Nega, 12. Dyn.[9];
   S.Schw. Nr. 170, 18.–19. Dyn., von Todros 1885;
   S.Schw. Nr. 171, Gurna, 18. Dyn., Grabung Möller 1911;
   Äg.M. Nr. 3367 (SMPK), Gurna, 20. Dyn., Grabung Maspero[25];
   S.Schw. Nr. 164, Theben, 20.–26. Dyn., Schiaparelli 1885 (Abb. 56);
   S.Schw. Nr. 167, Abusir el Meleq, röm., Grabung Rubensohn 1903;
   S.Schw. Nr. 166, Gurna, Maspero 1885;
   Äg.M. Nr. 16826 (SMPK), Abusir el Meleq;
   S.Schw. Nr. 103. –
4. Citrullus lanatus (Thunb.) Matsum. et Nakai var. colocynthoides Schwf.
   S.Schw. Nr. 389, Samen, Abusir, Totentempel des Sahure, 5. Dyn.;
   S.Schw. Nr. 44, eine unreife Frucht, Abusir, Totentempel des Neuserre, 5. Dyn.[36];
   Äg.M. Nr. 21532 (SMPK), 1 Same, Deir el Medineh, Grab DX 3, 18. Dyn., Grabung Möller 1913[28];
   S.Schw. Nr. 45, Samen, Gebelên, griech.-röm., von Todros 1899 (Abb. 57);
   S.Schw. Nr. 46, Fruchtteil mit Samen, Dra Abu el Nega, Grabung Schiaparelli, es ist allerdings unsicher, ob es sich bei diesem Fruchtteil nicht um modernes Material handelt[25];
   Äg.M. Nr. 7022 (SMPK), Samen, Theben, Sammlung Passalacqua. –
5. Pinus pinea L. Zapfenteile
   S.Schw. Nr. 286, Meir, 12. Dyn., Grabung Kamal;
   S.Schw. Nr. 287, Elephantine, röm., Gauthier 1909 (Abb. 58);
   Äg.M. Nr. 3366 (SMPK), Hawara, röm., Grabung Brugsch 1893;
   Äg. M. Nr. 11084*, von Levetzau. –
6. Corylus avellana L.
   Äg.M. Nr. 16768 (SMPK), S.Schw. Nr. 70, Abusir, griech.-röm., Grabung Borchardt 1903 (Abb. 59). –

7. FLASCHENKÜRBIS

Nur einige wenige Flaschenkürbisse (Lagenaria sinceraria [Mol.] Standl.) wurden bisher in altägyptischen Gräbern gefunden. Die Kultur dieser Pflanze kam entweder aus dem tropischen Afrika oder tropischen Asien nach Ägypten, und die ältesten Funde dort stammen aus der 12. Dyn.[53].

In einem leider nicht datierten thebanischen Grab fand Passalacqua ein Fischernetz, an dem Flaschenkürbisse als Schwimmer angebunden waren. Einer dieser Flaschenkürbisse befindet sich jetzt im Ägyptischen Museum SMPK.

Äg. M. Nr. 7406 (SMPK), ein 15 cm großer Kürbis, Theben, Sammlung Passalacqua. –

8. AKAZIENTEILE

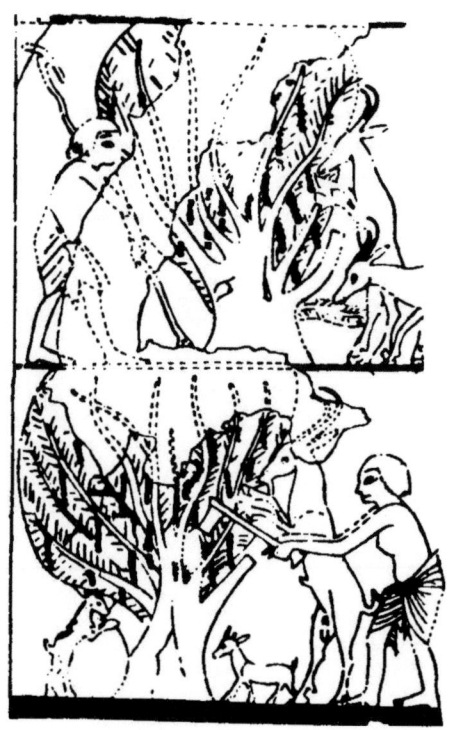

Nilakaziendarstellung N. R. (Nach Davies[76])

Die Nilakazie (Acacia nilotica [L.] Willd. ex Del.) war neben der Dattelpalme und der Sykomore einer der wichtigsten Nutzbäume des Alten Ägypten. Grabdarstellungen zeigen uns, wie aus Akazienholz Schiffe gebaut wurden und die Hülsen und Blätter als Viehfutter dienten.

Auch die Texte erwähnen Nilakazienholz zur Herstellung von Statuen, Möbeln und Schiffen[75], und die medizinischen Papyri führen eine Reihe von Nilakazienprodukten als Heilmittel auf, vor allem das Gummiharz[45].

Die Akazienbäume standen als Schattenspender auf den Gehöften und an den Feldrändern, und so kamen verständlicherweise leicht kleine Zweigstücke oder Blütenteile als Verunreinigung unter das Getreide.

Neben den Texten und Darstellungen geben uns die Funde einen guten Aufschluß über die verschiedenen Nutzungsmöglichkeiten der Akazienteile.

Die gelben Nilakazienblüten arbeiteten die altägyptischen Gärtner als leuchtenden Bestandteil in die Mumiengirlanden ein, so z.B. in die des Pharao Amenophis I. (siehe unter 2.1.1. Blumenschmuck der Königsmumien).

Von großer wirtschaftlicher Bedeutung waren die Hülsen und Samen. Die Hülsen sind sehr gerbstoffhaltig und wurden zum Gerben von Leder verwendet. Die nährstoffreichen Samen aber dienten als wichtiges Viehfutter. Schon in einem Grab der vorgeschichtlichen Zeit fand man einen Topf mit Nilakaziensamen, und im Landwirtschaftsmuseum Kairo befinden sich weitere große Vorratstöpfe aus Grabfunden angefüllt mit Nilakaziensamen. Auch in Speicherbauten der 18. Dyn. in Gurna fand man große Mengen von Nilakazienhülsen zusammen mit den Hülsen einer zweiten Akazienart, der Acacia albida Del.

Die Weiße Akazie (Acacia albida Del.) kommt wildwachsend heute in Ägypten nur ganz vereinzelt im Niltal in der Gegend um Assuan vor. Als Gartenbaum ist sie allerdings auch in Kairo zu finden, und Keimer[77] berichtete 1930 von einem kleinen Hain der Acacia albida Del. in Gizeh in der Nähe der Pyramiden. Die Heimat dieses Baumes liegt aber in südlicheren Gegenden, dem Sudan und dem tropischen Afrika.

Nach den Funden zu urteilen, muß die Acacia albida Del. im Alten Ägypten stärker verbreitet gewesen sein, denn man fand ihre Hülsen in Theben, vermutlich Gebelên[78] und Hawara[79]. Verwendet wurden von dieser Akazienart vor allem die Hülsen, sie dienten als Viehfutter und zum Gerben von Leder.

Funde von Akazienteilen

1. Acacia nilotica (L.) Willd. ex Del.
   a) Blüten siehe unter 2.1.1. Blumenschmuck der Königsmumien und 2.2. Mumienschmuck der griech.-röm. Zeit
   b) Zweigstücke
      S. Schw. Nr. 10, unter Emmerspreu gefunden, Abusir, Totentempel des Neuserre, 5. Dyn.[36,46];
      S. Schw. Nr. 8, Gurna, 18. Dyn., Grabung Möller 1911[28]
   c) Samen
      S. Schw. Nr. 12, in einem Topf gefunden, Grab bei Silsila, vordyn., Legrain 1897
   d) Hülsenstücke und Samen
      Äg. M. Nr. 20168 (SMPK), S. Schw. Nr. 6, 7, in einem Speicherbau gefunden, Gurna, 18. Dyn., Grabung Möller 1911[28];
      Äg. M. Nr. 21533 (SMPK), Deir el Medineh, Grab D X 3, 18. Dyn., Grabung Möller 1913[28];
      S. Schw. Nr. 9, Theben, 18.–19. Dyn., von Todros (Abb. 60);
      Äg. M. Nr. 7023 (SMPK), Theben, Sammlung Passalacqua[37]. –
2. Acacia albida Del.
   a) Zweigstücke und Blütenstiele
      S. Schw. Nr. 4, 5, in einem Speicherbau gefunden, Gurna, 18. Dyn., Grabung Möller 1911[28]
   b) Hülsen und Samen
      Äg. M. Nr. 14603 (SMZB), vermutlich aus Gebelên, vordyn. oder 1.–3. Dyn., von Dr. Reinhardt[78];
      Äg. M. Nr. 20169* und S. Schw. Nr. 2 (Abb. 61), 3, in einem Speicherbau gefunden, Gurna, 18. Dyn., Grabung Möller 1911[28]. –
3. Acacia spec. ein Dorn
   S. Schw. Nr. 380 g, Geschenk des Museums Florenz[47]. –

9. UNKRÄUTER

Unter den altägyptischen Kulturpflanzenresten befanden sich eine ganze Reihe von Unkräutern, die uns zeigen, wie artenreich die Unkrautflora des pharaonischen Ägypten war. Die weitaus größte Gruppe der Unkräuter gehört zur Familie der Hülsenfrüchte (Leguminosae), aber auch mehrere Arten von Korbblütlern (Compositae), zwei Grasarten (Gramineae) und zwei Riedgräser (Cyperaceae) sowie ein Knöterichgewächs (Polygonaceae) und ein Kreuzblütler (Cruciferae) sind belegt. Die Bestimmung der als Cyperus longus L. (?) bezeichneten Cyperaceen-Rhizome ist nicht gesichert. Nach Schweinfurth stimmen sie in ihrer Form nicht ganz mit denen, die er von Cyperus longus L. in Ägypten fand, überein.

Ein sehr gefährliches Unkraut ist das Gras Lolium temulentum L., von dem Schweinfurth zahlreiche Samen und ganze Ähren unter der Emmerspreu aus dem Totentempel des Neuserre von Abusir fand. Die Samen dieses Grases sind oft zu einem hohen Prozentsatz von einem Rostpilz, dem Endoconidium temulentum Pr. et Delacr. befallen. Auch an dem altägyptischen Material aus Abusir konnte dieser Pilz nachgewiesen werden. Gelangen zu viele dieser infizierten Grassamen mit in das Brotgetreide, führt dies zu Gesundheitsschäden.

Funde

1. Medicago polymorpha L. (Hülsen)
   S. Schw. Nr. 384, unter Emmerspreu gefunden, Abusir, Totentempel des Sahure, 5. Dyn.;
   S. Schw. Nr. 199, unter Emmerspreu gefunden, Abusir, Totentempel des Neuserre, 5. Dyn.[36,46];
   S. Schw. Nr. 198, in einem Lehmziegel der Pyramide gefunden, Daschur, 12. Dyn.;
   S. Schw. Nr. 369, unter Gerste gefunden, Meir, Grab des Rahotep, 12. Dyn.[39] (Abb. 62). –
2. Lathyrus hirsutus L. (Samen)
   S. Schw. Nr. 158, unter Gerste gefunden, Meir, Grab des Rahotep, 12. Dyn.[39] (Abb. 63). –
3. Vicia narbonensis L. (Samen)
   S. Schw. Nr. 386, unter Emmerspreu gefunden, Abusir, Totentempel des Sahure, 5. Dyn. –
4. Vicia spec. (Same)
   S. Schw. Nr. 368, griech.-röm. –
5. Lupinus digitatus Forssk. (Samen)
   S. Schw. Nr. 190, unter Emmerspreu gefunden, Abusir, Totentempel des Neuserre, 5. Dyn.[36,46] (Abb. 64). –
6. Scorpiurus muricatus L. (Samen)
   S. Schw. Nr. 303, unter Emmerspreu gefunden, Abusir, Totentempel des Neuserre, 5. Dyn.[36,46] (Abb. 65). –
7. Lotus spec. (Hülsenfragment)
   S. Schw. Nr. 371, Gurna, 18.–19. Dyn., Todros 1885. –

8. Hülsenfragment einer Leguminosae

    S. Schw. Nr. 379, vom Ägyptischen Museum Kairo. –

9. Anthemis retusa Del.

    S. Schw. Nr. 19 (Abb. 66), 20, 21, unter Emmerspreu gefunden, Abusir, Totentempel des Sahure, 5. Dyn., Grabung Borchardt 1909;

    S. Schw. Nr. 18, unter Emmerspreu gefunden, Abusir, Totentempel des Neuserre, 5. Dyn.[36,46]. –

10. Matricaria recutita L.

    S. Schw. Nr. 196, unter Emmerspreu gefunden, Abusir, Totentempel des Sahure, 5. Dyn., Grabung Borchardt 1909 (Abb. 67). –

11. Sphaeranthus suaveolens DC

    S. Schw. Nr. 307, Theben, 18.–19. Dyn., Todros. –

12. Senecio spec.

    S. Schw. Nr. 122, unter Gerste gefunden, aus Särgen des Ägyptischen Museums Berlin. –

13. 1 Compositae-Same

    S. Schw. Nr. 373, Dra Abu el Nega, 20.–26. Dyn., Schiaparelli. –

14. Rumex dentatus L.

    S. Schw. Nr. 390, unter Emmerspreu gefunden, Abusir, Totentempel des Sahure, 5. Dyn.;

    S. Schw. Nr. 300, Dra Abu el Nega, griech.-röm. (Abb. 68). –

15. Sinapis allionii Jacq.

    S. Schw. Nr. 306, zwischen Leinsamenkapseln gefunden, Dra Abu el Nega, 12. Dyn.[9] (Abb. 69). –

16. Lolium temulentum L.

    S. Schw. Nr. 183 (Abb. 70), 184, 185, 186, 187, 188, 189, unter Emmerspreu gefunden, Abusir, Totentempel des Neuserre, 5. Dyn.[36,46]. –

17. Phalaris paradoxa L.

    S. Schw. Nr. 381, unter Emmerspreu gefunden, Abusir, Totentempel des Sahure, 5. Dyn.;

    S. Schw. Nr. 274, 275, 276 (Abb. 71), unter Emmerspreu gefunden, Abusir, Totentempel des Neuserre, 5. Dyn.[36,46], Grabung Borchardt 1903. –

18. Cyperus rotundus L.

    S. Schw. Nr. 68, 69 (Abb. 72), unter Cyperus esculentus L. gefunden, Gebelên, Grab des Ani, 12. Dyn.

19. Cyperus longus L. (?)

    S. Schw. Nr. 367, unter Emmerspreu gefunden, Abusir, Totentempel des Neuserre, 5. Dyn.[36,46] (Abb. 73). –

10. FLECHTWERK, ROHR, BINSE, PAPYRUS

Eine ganze Reihe verschiedener Pflanzenteile verarbeiteten die Ägypter zu Matten. In vorgeschichtlicher Zeit dienten Matten dazu, den Körper der Verstorbenen im Grab einzuhüllen, und auch später war das bei der ärmeren Bevölkerung üblich, denn Holzsärge waren kostbar und nicht für jedermann erschwinglich. Aber auch in reicher ausgestatteten Gräbern befanden sich Matten, sie lagen z. T. unten im Sarg oder zusammengelegt im Grab.

Die Materialien, aus denen man Matten herstellte, waren sehr unterschiedlich, das Ägyptische Halfagras (Desmostachya bipinnata [L.] Stapf.), Cyperus alopecuroides Rottb., Arundo donax L., Zweige der Tamariske (Tamarix nilotica [Ehrenb.] Bge.) und Blattstreifen der Dattelpalme (Phoenix dactylifera L.).

Aus Dattelpalmblattstreifen drehten die Ägypter auch Seile. Eine in Ägypten heimische Komposite, die Ceruana pratensis Forssk., diente zur Herstellung der verschiedensten Arten von Flechtwerk. Man nahm dazu die Zweige dieser Pflanze, an denen oft noch Blätter und Blütenköpfe saßen, und verarbeitete sie zu primitiven Särgen, Körben und Besen.

Um die Früchte und Samen der Grabbeigaben aufzunehmen, stellten die Ägypter spezielle kleine Täschchen aus dem Ägyptischen Halfagras her, die in mehreren Gräbern gefunden wurden.

Im Grab des Ani, 11. Dyn., befanden sich mehr als 60 Stück davon[25]. Vermutlich sind sie Miniaturausgaben der im täglichen Leben der Ägypter tatsächlich benutzten Taschen.

Aus dem in Streifen geschnittenen Mark der Papyrusstengel (Cyperus papyrus L.) verfertigten die Ägypter den Schriftträger Papyrus, den sie dann mit einer Schreibfeder aus dem Halm der Binse Juncus rigidus C. A. Mey. beschrieben.

Halme des Spanischen Rohres (Arundo donax L.) und des Gemeinen Schilfrohres (Phragmites australis [Cav.] Trin. ex Steud.) verwendeten die Ägypter als Pfeilschäfte, in die dann Spitzen aus verschiedenen Materialien wie Stein, Metall oder Holz eingesetzt wurden.

Ob man die Samenhaare der in Ägypten heimischen Calotropis procera Ait. damals auch schon wie heute für Kissenfüllungen und ähnliches benutzte, ist unbekannt. Bisher liegen nur einige wenige Funde von Fruchtteilen vor.

Funde

1. Desmostachya bipinnata (L.) Stapf.
   S. Schw. Nr. 76, Teil einer Matte, Negade, 2. Dyn., gefunden von de Morgan 1897;
   S. Schw. Nr. 128, Teil einer Matte, Dra Abu el Nega, N. R.;
   S. Schw. Nr. 65, Tasche gefüllt mit Cyperus esculentus L. Rhizomknollen, 12. Dyn., Luxor 1898 (Abb. 74);
   Äg. M. Nr. 3337 (SMPK), Sproß. –
2. Phoenix dactylifera L. Blattstreifen
   S. Schw. Nr. 277, Teil einer Matte, Rizegat, vordyn., von Dr. Reinhardt;
   S. Schw. Nr. 374, Teil einer Matte, Rizegat, vordyn., von Dr. Reinhardt;

Äg. M. Nr. 12406[*], Seil, Deir el Bahari, Königsmumien Cachette, aus dem Sarg der Nes-Chonsu, 21. Dyn.;

S. Schw. Nr. 292, Dattelpalmblattmittelrippen, aus dem Grab der Gazellenmumien in Komir. –

3. Phragmites australis (Cav.) Trin. ex Steud.

S. Schw. Nr. 285, 293, Blatt- und Halmreste, unter Emmerspreu gefunden, Abusir, Totentempel des Neuserre, 5. Dyn.[36, 46];

S. Schw. Nr. 284, Halmstück, aus der Pyramide von Illahun, 12. Dyn.;

S. Schw. Nr. 283, Rhizom, Dra Abu el Nega, 20.–26. Dyn.;

Äg. M. (SMZB) ohne Inventar-Nr., Halmstück aus der Stadtmauer von Sais. –

4. Arundo donax L.

S. Schw. Nr. 136c, Halmstück als Pfeilschaft, Theben, 18. Dyn., von Todros 1905;

Äg. M. Nr. 12399[*], 2 Halmstücke von der Umhüllung eines Leichnams, Arsinoe, 6. Jahrh. n. Chr.

5. Cyperus alopecuroides Rottb.

S. Schw. Nr. 57, Teil einer Matte, Gurna, 20.–26. Dyn., Maspero 1885;

Äg. M. Nr. 12405[*], Teil einer Matte, Dra Abu el Nega, griech.-röm., von Schiaparelli. –

6. Cyperus papyrus L.

S. Schw. Nr. 292, Halmstücke, Gazellengrab von Komir;

S. Schw. Nr. 67, Rhizomstück, Kôm Ouschîm (griech. Karanis), griech.-röm.;

S. Schw. Nr. 272, beschrifteter Papyrus. –

7. Ceruana pratensis Forssk. Zweigstücke

S. Schw. Nr. 40, vom Deckel eines Kindersarges, el-Sebua, von de Morgan 1908 (Abb. 75). –

8. Tamarix nilotica (Ehrenb.) Bge. Zweige

Äg. M. Nr. 12404[*], Teil einer Matte, aus dem Sarg des Ḳent Theben, 19. Dyn.[15], Schiaparelli 1888. –

9. Juncus rigidus C. A. Mey. Halmstücke

S. Schw. Nr. 156, Schreibfeder, 18. Dyn., von Todros;

S. Schw. Nr. 155, Elephantine, koptisch, Gauthier 1909. –

10. Calotropis procera Ait.

S. Schw. Nr. 380k, Rest einer Samenschale mit Samenhaaren, Geschenk des Museums Florenz[47] (Abb. 76). –

11. LEINENGEWEBE

Die Leinengewebe der Berliner Museen gehören eigentlich nicht in den Rahmen dieser Arbeit. Dennoch sollen hier kurz die in der S. Schw. vorhandenen Stücke aufgelistet werden, da sie z. T. aus Grabungen stammen, die von historischer Bedeutung sind.

1. S. Schw. Nr. 172, von der Umhüllung eines Körpers, Rizegat, vordyn., von Dr. Reinhardt 1899 (9 × 8 cm)
2. S. Schw. Nr. 174, 175, 176, 177, 178, 179, 181, Fragmente verkohlten Leinengewebes von einer etwa 10 cm hohen Stoffschicht, auf der Opferkrüge standen, 1. Dyn., Negade, von J. de Morgan 1897 (Abb. 77)
3. S. Schw. Nr. 173, Gebelên, M. R. (7 × 12 cm)
4. S. Schw. Nr. 180, von der Mumie des Ahmose, Deir el Bahari, Königsmumien Cachette, 21. Dyn. Das 91 × 16 cm große Leinenstück ist an allen vier Seiten aus einem größeren Leinentuch herausgeschnitten. Die Farbe ist bräunlich-gelb, ohne Flecken von Mumifizierungsmaterial, und die Fasern sind weich und flexibel. Man kann daraus schließen, daß dieses Stück nicht zu den originalen Mumienbinden aus der 18. Dyn. gehört, von denen nur noch spärliche Reste an der Haut klebten. Diese Leinwand gehört zu dem Bindenmaterial, in das die Mumie des Ahmose in der 21. Dyn. neu eingewickelt wurde.
5. S. Schw. Nr. 182, Grab Amenophis' II., unter den Grabbeigaben gefunden, diente wohl zur Umhüllung eines Gegenstandes, 18. Dyn. (12 × 8 cm). –

12. SCHMUCKKETTEN AUS PFLANZENTEILEN

Schmuckketten waren von vorgeschichtlicher Zeit an eine wichtige Grabbeigabe. Oftmals setzten sie sich aus verschiedenen Materialien zusammen: Halbedelsteinen, Fayence, Muschelschalen, Schneckengehäusen, Teilen von Straußeneischale oder Metall. In einigen Fällen wurden aber auch Früchte, Samen, Blüten oder geflochtene Blattstücke zu Schmuckketten verarbeitet. Entweder bestand dann die ganze Kette aus einem Pflanzenprodukt, oder man kombinierte sie mit anderen Materialien.

Eine Kette des M.R. aus Gurna ist besonders interessant. Sie setzte sich aus Fayenceperlen, Schneckengehäusen und Samen zusammen[80]. Schweinfurth bestimmte die Samen als Paternostererbsen (Abrus precatorius L.), eine Pflanze, die im tropischen Indien und tropischen Afrika beheimatet ist. Die giftigen roten Samen haben einen großen schwarzen Fleck. Heute sind die Samen aus der Kette von fast schwarzer Farbe, der schwarze Fleck ist nicht mehr erkennbar. Aufgrund der Durchbohrung sind wichtige Bestimmungsmerkmale, wie die Keimblätter, zerstört. Dennoch scheint sich Schweinfurth seiner Bestimmung recht sicher gewesen zu sein, vielleicht war zu seiner Zeit der schwarze Fleck noch erkennbar. Herr Dr. Claude Farron, Basel, hat freundlicherweise Fotos dieser Samen begutachtet. Er konnte nur dazu feststellen, daß die Größe der Samen mit seinem Vergleichsmaterial übereinstimmt.

Ob nun Abrus precatorius L. im pharaonischen Ägypten kultiviert wurde oder die Samen durch Handel nach Ägypten gelangten, wissen wir nicht. Es fehlen auch weitere Funde dieser Pflanze, denn es befinden sich nur noch 4 Samen im Louvre, deren Herkunft unbekannt ist.

Reisende berichteten, daß die Paternostererbse Ende des 16. und Ende des 17. Jahrhunderts[81,82] in Ägypten angepflanzt wurde und man daraus auch Ketten herstellte. Danach scheint diese Pflanze wieder aus Ägyten verschwunden zu sein.

Funde

1. Vitis vinifera L. Samen
   Äg.M. Nr. 19096 (SMZB), an der Kette noch Fayenceperlen, Schneckengehäuse und ein Stück Kupfer, Abusir el Meleq, Grab 1051, vordyn., DOG Grabung 1906[74]. –
2. Abrus precatorius L. Samen
   Äg.M. Nr. 20214*, S.Schw. Nr. 1 (Abb. 78), an der Kette noch Schneckengehäuse und Fayenceperlen, Gurna, Grab 35, M.R., Grabung Möller 1911[28]. –
3. Ficus sycomorus L. Früchte
   Äg.M. Nr. 20257*, S.Schw. Nr. 82 (Abb. 79), 84, Gurna, Grab 35, M.R., Grabung Möller 1911[28]. –
4. Kettenglieder aus gefalteten Blattstreifen einer Grasart (Gramineae)
   Äg.M. Nr. 20280 (SMPK), Gurna, Grab 35, M.R., Grabung Möller 1911[28] (Abb. 80). –
5. Phoenix dactylifera L. unreife Früchte
   S.Schw. Nr. 282, Arsinoe, griech.-röm. –

6. Phoenix dactylifera L. weibliche Blüten. –
   Äg. M. Nr. 7801 (SMPK), griech., von Travers (Abb. 81);
   S. Schw. Nr. 282, Arsinoe, griech.-röm. –
7. Polygonum senegalense Meis. Samen
   S. Schw. Nr. 288, Gebelên, griech.-röm., Maspero 1885 (Abb. 82). –
8. Cordia myxa L. Same
   S. Schw. Nr. 380 c, Geschenk des Museums Florenz[47] (Abb. 83). –
9. Unbekannte Früchte
   Äg. M. Nr. 17775*, Halskette aus Früchten, Eschmunên, röm., Papyrusgrabung 1905/6. –

13. HÖLZER

In der Sammlung Schweinfurth befinden sich zahlreiche Holzproben aus verschiedenen Grabungen und einige wenige in den Ägyptischen Museen. Schweinfurth bestimmte einen Teil seiner Hölzer, soweit es ihm möglich war, aber viele Stücke blieben unidentifiziert. Herr Dr. Grosser vom Institut für Holzforschung der Universität München und seine Assistentin Frau Indre Splettstößer waren so freundlich, zahlreiche Proben durchzusehen und zu bestimmen. Eine Probe aus Deir el Medineh hatte Frau Prof. Elisabeth Schiemann bearbeitet.

Als interessantestes Ergebnis der Untersuchungen läßt sich feststellen, daß sich jetzt der Holzhandel nach dem Libanon in der Frühzeit durch mehrere Funde belegen läßt. Bisher waren aus der 2. Dyn. von den nicht in Ägypten heimischen Hölzern Wacholder (Juniperus spec.) und Zeder (Cedrus libani Loud.) noch keine sicher identifizierten Holzstücke bekannt.

S. Schw. Nr. 136e, Negade, 1. Dyn., de Morgan 1897, det. Grosser: Tamarix spec. (Tamariske), Bestimmung unter Vorbehalt, da das Holz im Zellgefüge weitgehend aufgelöst ist.

S. Schw. Nr. 136a, Abydos, 2. Dyn., Amelineau 1897, det. Grosser: Acacia spec. (Akazie), Bestimmung nicht eindeutig, da der Zellverband weitgehend aufgelöst ist.

S. Schw. Nr. 136b, Abydos, 2. Dyn., Amelineau 1897, det. Grosser: Juniperus spec. (Wacholder).

S. Schw. Nr. 140, Koniferenholz, Abydos, 2. Dyn., Amelineau 1897, det. Grosser: Cedrus libani Loud. (Zeder).

S. Schw. Nr. 143, Abydos, 2. Dyn., Amelineau 1897, det. Grosser: wahrscheinlich Acacia spec. (Akazie), Bestimmung erfolgte makroskopisch, da das Holz nicht mehr zu präparieren war.

S. Schw. Nr. 139a, Abusir, aus der Pyramide des Sahure, 5. Dyn., Grabung Borchardt 1909.

S. Schw. Nr. 144, Koniferenholz, Abusir, bei der Pyramide des Neuserre, 5. Dyn., Grabung Borchardt 1903, det. Grosser: Cupressus spec. (Zypresse).

S. Schw. Nr. 344, Holzrest von der Allee zum Tempel des Mentuhotep Nebheptre, 11. Dyn., Schweinfurth bestimmte das Holz als Tamarix aphylla (L.) Karst. (Tamariske). Grosser kam bei seinen Untersuchungen zu dem Ergebnis, daß es sich um Laubholz handelt, in keinem Fall aber um Tamariskenholz. Spätere Funde von Holzresten in den Pflanzlöchern der Allee des Mentuhotep-Tempels wurden von Brown, Chief of the Horticultural Section, Ministry of Agriculture, Giza, als Tamarix articulata Vahl. und Ficus sycomorus L. (Sykomore) bestimmt[83].

S. Schw. Nr. 142, von einem Sarg, Daschur, 12. Dyn., det. Grosser: Cedrus libani Loud. (Zeder).

S. Schw. Nr. 345, Rinde von Tamarix aphylla (L.) Karst. (Tamariske), Stamm durch Termitenfraß zerstört, el Kab, 12. Dyn.

S. Schw. Nr. 320, Holzteile, aus Gräbern in Abusir, M.R.

S. Schw. Nr. 145a, Holzprobe, Dra Abu el Nega, 17. Dyn., det. Grosser: Ficus sycomorus L. (Sykomore).

S. Schw. Nr. 145a, Holznagel der Probe 145a, Dra Abu el Nega, 17. Dyn., Det. Grosser: Tamarix spec. (Tamariske).

S. Schw. Nr. 145b, Dra Abu el Nega, 17. Dyn., det. Grosser: Ficus sycomorus L. (Sykomore).

S. Schw. Nr. 145 c, Dra Abu el Nega, 17. Dyn., det. Grosser: Cedrus libani Loud. (Zeder).

S. Schw. Nr. 136, Pfeilspitze, Theben, 18. Dyn., von Todros 1905, det. Grosser: Tamarix spec. (Tamariske).

S. Schw. Nr. 137, Holz aus dem Grab Amenophis' II., Theben, 18. Dyn.

S. Schw. Nr. 138, Koniferenholz, 18. Dyn., aus dem Nachlaß Wittmark.

Äg. M. Nr. 23894 (SMPK), Deir el Medineh, N. R., Grabung Möller 1913[55], det. Schiemann: Phoenix dactylifera L. (Dattelpalme).

S. Schw. Nr. 146, Deir el Bahari, Reste von Bäumen, die auf den unteren Terrassen des Tempels ˙angepflanzt gewesen waren, 22.–26. Dyn., Naville 1895, det. Grosser: Laubholz, ohne weitere Bestimmung.

Ohne Inventar-Nr. (SMZB), Dra Abu el Nega, Hölzer aus Gräbern der 22.–26. Dyn., von Schiaparelli 1885.

S. Schw. Nr. 200, Mimusops schimperi Hochst., Wurzelrinde, Deir el Bahari.

S. Schw. Nr. 204, nach Schweinfurth Mimusops schimperi Hochst., Holz, Deir el Bahari, von einem Baum zum Eingang zum Tempel, der unterste Teil des Baumes steckte noch in der Erde, det. Grosser: Laubholz, ohne weitere Bestimmung. Nach Grosser ist der von Schweinfurth gegebene Hinweis, daß Mimusops schimperi Hochst. vorliegt, mit Sicherheit falsch.

S. Schw. Nr. 205, Mimusops schimperi Hochst., Holz von dem ersten Hofraum des Tempels von Deir el Bahari.

S. Schw. Nr. 214, Wurzelholz, Mimusops schimperi Hochst., Deir el Bahari.

S. Schw. Nr. 147/1, Teil einer Schnitzerei, röm.

S. Schw. Nr. 147/2 Splitter vom Sarg des Henui, det. Grosser: Ficus sycomorus L. (Sykomore).

S. Schw. Nr. 147/3, Splitter eines Bogens, det. Grosser: Acacia spec. (Akazie).

S. Schw. Nr. 139, Holzprobe, Theben.

14. HARZE

Nach übereinstimmender Meinung mehrerer Fachleute, die sich mit der Untersuchung altägyptischer Harzproben beschäftigt haben, ist eine chemische Analyse dieser Materialien äußerst schwierig. Die Ägypter benutzten neben reinen Harzen auch Harzgemische, oft noch mit aromatischen Ölen versetzt[83]. Es besteht heute noch keine Klarheit darüber, wie sich diese Gemische im Laufe von vielen hundert Jahren chemisch verändert haben. So scheint es im Moment keine sichere Möglichkeit zu geben, altägyptische Harzgemische auf ihre ursprünglichen Harzkomponenten hin zu analysieren. Aus diesem Grunde werden die in den Berliner Museen vorhandenen Harzproben nur aufgelistet, um das Material für spätere Forschungen bereitzustellen.

Harzfunde

1. Äg. M. Nr. 20178*, Harzklümpchen an einem Stäbchen, vermutlich Myrrhe, Gurna, M. R., Grabung Möller 1911[28]
2. Äg. M. Nr. 8268 (SMPK), Harzklumpen, Kerma, M. R., Grabung Reisner[84]
3. S. Schw. Nr. 141, Harz in einem Tonkrug gefunden, Theben, 18. Dyn., von Todros 1903
4. Äg. M. Nr. 21500*, vermutlich Myrrhe, in einer Schale mit Brot gefunden, Deir el Medineh, N. R., Grabung Möller 1913[28]
5. S. Schw. Nr. 129, Harz von einer Mumie, Fayum, röm.
6. Äg. M. Nr. 7019 (SMZB), Harz von einer Mumie
7. S. Schw. Nr. 380 j, Harzklumpen, Geschenk des Museums Florenz
8. Ohne Inventar-Nr. (SMZB), Harzklumpen. –

15. UNBESTIMMTE PFLANZENTEILE

1. S. Schw. Nr. 392
2. Äg. M. (SMZB) ohne Inventar-Nr., Dra Abu el Nega, Hölzer aus Gräbern der 22.–26. Dyn., von Schiaparelli 1885
3. Äg. M. (SMZB) ohne Inventar-Nr., Antinoe, 7. Jahr. n. Chr., von Dr. Schmidt. –

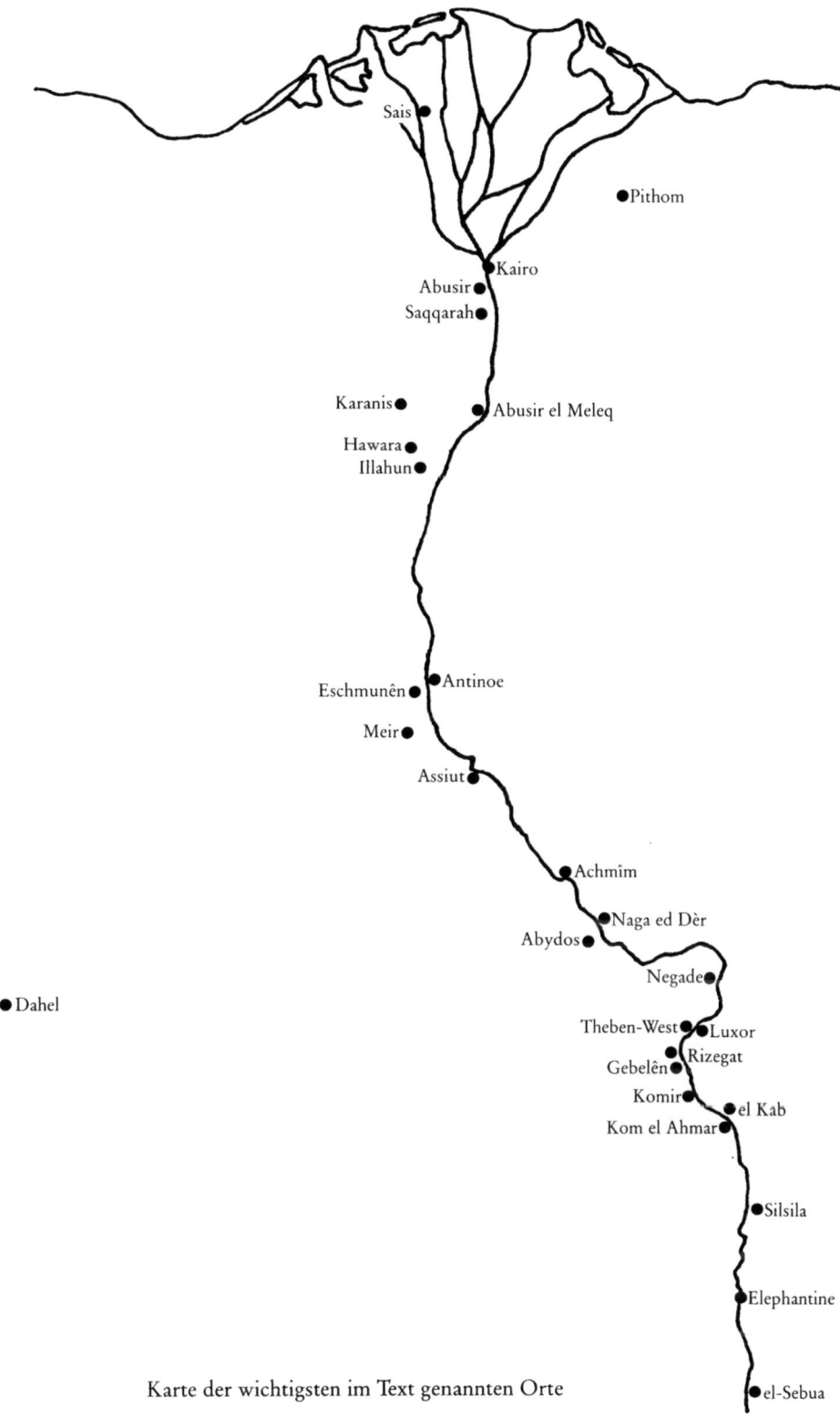

Karte der wichtigsten im Text genannten Orte

Mit dem Begriff Theben-West wurden in der Karte folgende Ortsbezeichnungen zusammengefaßt:

Dra Abu el Nega
Deir el Bahari
Assasif
Gurna
Deir el Medineh

Zeittafel des Alten Ägypten

Vorgeschichte	bis um 3000 v. Chr.
Frühzeit 1./2. Dyn.	2925–2657 v. Chr.
Altes Reich	
3. Dyn.	2657–2581 v. Chr.
4. Dyn.	2581–2466 v. Chr.
5. Dyn.	2466–2325 v. Chr.
6. Dyn.	2325–2154 v. Chr.
1. Zwischenzeit	
8.–10. Dyn.	2154–2030 v. Chr.
Mittleres Reich 11./12. Dyn.	
Reichseinigung Mentuhotep II	2030 v. Chr.
12. Dyn.	1994–1781 v. Chr.
2. Zwischenzeit 13.–17. Dyn.	1781–1542 v. Chr.
Neues Reich 18.–20. Dyn.	
18. Dyn.	1542–1305 v. Chr.
19. Dyn.	1305–1189 v. Chr.
20. Dyn.	1189–1069 v. Chr.
3. Zwischenzeit 21.–25. Dyn.	1069– 664 v. Chr.
Spätzeit 26.–30. Dyn.	664– 332 v. Chr.
Ptolemäerzeit	332– 30 v. Chr.
Römische Herrschaft	30 v. Chr.–395 n. Chr.

Nach W. Helck, Geschichte des alten Ägypten, Leiden – Köln 1981[2] und einem Vortrag, vorgelegt beim „Internationalen Colloquium für absolute Chronologie in Göteborg" am 21. 8. 1987

LITERATURANGABEN

1 Joseph Passalacqua, Catalogue raisonné et historique des antiquités découvertes en Égypte, Paris 1826

2 Vivi Täckholm et al., Flora of Egypt, Bd. I–IV, in: BFAC 17, 28, 30, 36, Kairo 1941–1969; Vivi Täckholm, Students' Flora of Egypt, 2nd edition, Beirut 1974

3 Zeichnung Schweinfurths, Keimer-Nachlaß DAI Kairo

4 Schweinfurth, in: Die Gartenlaube, Berlin 1884, 628 ff

5 Maspero, Momies Royales

6 Loret, in: BIE 3e série, no 9, année 1898, 91 ff

7 Herrn Prof. Dr. Werner Kaiser danke ich für die Genehmigung, in Keimers Papiere einzusehen.

8 Notiz im Keimer-Nachlaß DAI Kairo

9 Schweinfurth, in: Berichte der deutschen botanischen Gesellschaft, Berlin 1884, 351 ff

10 Reste in den Royal Botanic Gardens Kew

11 CG 61051–61100

12 Carter, in: ASAE 3, 1902, 120 ff

13 Schweinfurth, in: op. cit. Anm. 9; Lionel Balout ed., La momie de Ramsès II., Paris 1985, 160; weitere Exemplare davon in den Royal Botanic Gardens Kew, Inventory-No 45.1883

14 Lionel Balout ed., op. cit. Anm. 13, 86, 172, 174, 189; der Fund von Tabak (Nicotiana spec.) läßt sich nicht erklären

15 Datierung nach PM I, Teil 2, 825

16 CG 24855 C

17 Royal Botanic Gardens Kew, Inventory-No 45.1883

18 Zu ihrer Zugehörigkeit zur 17. Dyn. oder frühen 18. Dyn. siehe James E. Harris and Edward F. Wente ed., An X-ray Atlas of the Royal Mummies, Chicago and London 1980, 124

19 Kenneth A. Kitchen, Third Intermediate Period in Egypt (1100–650 BC), Warminster 1973, 65/6

20 Herrn Prof. Dr. Müller-Doblies, Berlin, danke ich recht herzlich für die Untersuchung der Zwiebelschalen

21 M. Stout, Gardening for Egypt and Allied Climates, London and Woking 1935, zitiert nach Täckholm, Flora of Egypt III, op. cit. Anm. 2, 388

22 Georg Dragendorff, Die Heilpflanzen der verschiedenen Völker und Zeiten, Stuttgart 1898, 132

23 Vivi Täckholm, Flora of Egypt III, op. cit. Anm. 2, 101 und 105; Ramses III. hatte allerdings keine Zwiebeln in den Augenhöhlen sondern nur Leinenbäusche

24 Lionel Balout ed., op. cit. Anm. 13, 188/9

25 Schweinfurth, in: Englers botanische Jahrbücher 8, Leipzig 1886, 1 ff

26 Wolfgang Franke, Nutzpflanzenkunde, Stuttgart 1976, 350

27 Herbert E. Winlock, Materials Used at the Embalming of King Tut-Ankh-Amūn, New York 1941, 17, dort fälschlich als Solanum dulcamara L. bezeichnet

28 Anthes, in: MDAIK 12, 1943, 1 ff

29 Im Inventarbuch steht nur Weinlaub, um den Hals einer Mumie gefunden. Es wird sich wohl nicht um eine Girlande traditioneller Art handeln, da es keine Belege für so gearbeitete Weinlaubgirlanden gibt.

30 Bonnet, in: 16:9 Journal de botanique, Paris 1902, 318

31 Duell, Mereruka, Pl. 49

32 Vivi Täckholm, Flora of Egypt II, op. cit. Anm. 2, 107; Germer, in: Forschungen und Berichte, Staatliche Museen zu Berlin ... im Druck

33 Davies, Two Sculptors, Pl. 19

34 Zeichnung von Nina Davies, publiziert von Germer, in: Forschungen und Berichte, Staatliche Museen zu Berlin ... im Druck

35 Germer, op. cit. Anm. 34

36 Zur Datierung siehe unter 6.1. Getreide

37 Braun, in: Zeitschrift für Ethnologie 9, Berlin 1877, 289 ff

38 Hubers Klassiker der Medizin und Naturwissenschaften, Bd. 9, Papyrus Edwin Smith, ed. Wolfhardt Westendorf, Bern 1966, 107

39 Kamal, in: ASAE 14, 1914, 87

40 Lucas, Materials⁴, 310 ff

41 Vivi Täckholm, Faraos Blomster, Stockholm 1951, 168 ff; Vivi Täckholm, Flora of Egypt II, op. cit. Anm. 2, 85/6

42 Germer, in: JEA ... im Druck

43 Germer, in: SAK 13, 1986, 95 ff

44 Lionel Balout ed., op. cit. Anm. 13, 174

45 Renate Germer, Untersuchungen über Arzneimittelpflanzen im Alten Ägypten, Diss. Hamburg 1979

46 Schweinfurth, in: Heinrich Schäfer, Priestergräber, WVDOG 8, 1908, 152 ff

47 Bonnet, in: Association Française pour l'avancement des sciences, Paris 1900, Teil II, 656 ff

48 Bonnet, in: Journal de Botanique, tome 19, Paris 1905, 5 ff

49 Heinrich Schäfer, op. cit. Anm. 46, 99/100

50 Borchardt, Sahure I, 84/5

51 A. Rosalie David, Religious Rituals at Abydos (1300 BC), Warminster 1973, 71

52 Vivi Täckholm, Flora of Egypt I, op. cit. Anm. 2, 242 ff

53 Renate Germer, Flora des pharaonischen Ägypten, Sonderschrift 14, AV, 1985

54 William M. Flinders Petrie, Illahun, Kahun and Gurob, London 1891, 22 und Pl. XVII

55 Schiemann, in: MDAIK 10, 1941, 122 ff

56 Davies, Rekh-mi-Rēᶜ, Pl. 110

57 Ingrid Wallert, Die Palmen im Alten Ägypten, MÄS 1, Berlin 1962, 15 ff

58 Vivi Täckholm, Flora of Egypt II, op. cit. Anm. 2, 219 ff

59 Notiz Schweinfurths an Objekt Nr. 268 seiner Sammlung

60 Vivi Täckholm, Flora of Egypt II, op. cit. Anm. 2, 282

61 Keimer, in: BIE 32, 1951, 61/2

62 Norman de Garis Davies, The Tomb of Nakht at Thebes, PMMA, Robb de Peyster Tytus Memorial Series Vol. 1, New York 1917, Pl. 22

63 Galil et al., in: The Garden's Bulletin, Singapore 1976, 191 ff

64 G. Kunkel, Plants for Human Consumption, Königstein 1984, 107

65 Nach Keimer, Gartenpflanzen I, 25

66 Borchardt, Neuserre, 134

67 Schweinfurth, in: BIE 7, 1886, 419 ff

68 Siehe dazu unter 2.1.2. Blumenschmuck der Frauenmumien aus dem Cachette von Deir el Bahari, Nes-Chonsu

69 William M. Flinders Petrie, Prehistoric Egypt, London 1920, 43, Pl. 46 Nr. 24

70 Vivi Täckholm, Flora of Egypt III, op. cit. Anm. 2, 103/4

71 Die Herkunftsangabe Arsinoe im Inventarbuch scheint nicht richtig zu sein, da der Fundort genauer „bei der Pyramide des Labyrinthes" angegeben wird

72 Netolitzky, in: MDAIK, 1. Ergänzungsheft, 1946, 18

73 Darby et al., Food: The Gift of Osiris, London, New York, San Francisco 1977, 754

74 Alexander Scharff, Die archäologischen Ergebnisse des vorgeschichtlichen Gräberfeldes von Abusir el-Meleq, WVDOG 49, 1926, Leinsamenkapseln 112/3, Weinsamen 60

75 Keimer, Gartenpflanzen II, Sonderschrift 13, AV 1984, 19 ff

76 Davies, Two Ramesside Tombs, Pl. 30

77 Keimer, in: Bulletin de la Société Royale de Géographie d'Egypte, Bd. 18, Kairo 1932, 85 ff

78 Alexander Scharff, Staatliche Museen zu Berlin, Mitteilungen aus der Ägyptischen Sammlung, Bd. 5, Berlin 1929, 11

79 Royal Botanic Gardens Kew, Inventory-No 12.1978.5

80 Genaue Beschreibung im Inventarbuch des Äg. M.

81 Prosper Alpin, Plantes d'Egypte, ed. R. de Fenoyl, L'Institut Français d'Archéologie Orientale, Kairo 1980, 107

82 A. Delile, Flora aegyptiacae illustratio, Paris 1824, No 656

83 Dieter Arnold, The Temple of Mentuhotep at Deir el-Bahari, MMA, New York 1979, 20/1

84 Aidan and Eve Cockburn ed., Mummies, Disease and Ancient Cultures, Cambridge 1980, 57 ff; A. Rosalie David ed., Manchester Mummy Project, Manchester 1979, 123 ff; Lucas, Materials[4], 318

85 Georg A. Reisner, Excavations at Kerma Part IV–V, Harvard African Studies, Vol. VI, Cambridge, Mass., U.S.A. 1923, 293/4

Die Quellenangaben wurden in der vom Lexikon der Ägyptologie, herausgegeben von Wolfgang Helck und Eberhard Otto, Wiesbaden 1975, Bd. I, vorgeschlagenen Form zitiert.

INDEX

Lateinische Pflanzennamen

Abrus precatorius 53
Acacia albida 47
Acacia nilotica 4, 6, 15, 16, 18, 46, 47
Acacia seyal 15, 16, 18
Alcea ficifolia 4, 6, 7
Allium cepa 13, 42, 43
Allium kurrat 42
Allium porrum 42
Allium sativum 42, 43
Ambrosia maritima 15, 19
Ammocharis 12
Anethum graveolens 10, 13
Anthemis retusa 49
Apium graveolens 10, 13
Arundo donax 50, 51

Balanites aegyptiaca 26, 27, 38, 41

Cajanus cajan 35
Calotropis procera 25, 50, 51
Carthamus tinctorius 4, 7, 27, 28
Celosia argentea 15, 16, 18, 19
Centaurea depressa 4, 10, 12, 13, 22
Ceratonia siliqua 23, 24
Ceruana pratensis 50, 51
Chrysanthemum coronarium 4, 10, 13, 14, 15, 16,
    17, 18, 22
Cicer arietinum 35
Citrullus colocynthis 9
Citrullus lanatus 10, 43, 44
Citrus medica 15, 20
Cocculus pendulus 39, 41
Commiphora opobalsamum 30, 31
Convolvulus spec. 22, 25
Conyza dioscorides 8, 10, 13
Cordia myxa 23, 24, 39, 41, 54
Cordia sinensis 39, 41
Coriandrum sativum 30, 31
Corylus avellana 43, 44
Corylus colurna 43
Cressa cretica 22, 23

Crinum spec. 9, 12
Cucumis melo 39
Cymbopogon schoenanthus 30, 31
Cyperus alopecuroides 15, 19, 50, 51
Cyperus articulatus 29, 30
Cyperus esculentus 26, 27, 43, 44
Cyperus longus 29, 30, 48, 49
Cyperus papyrus 15, 18, 22, 50, 51
Cyperus rotundus 29, 49

Delphinium orientale 4, 7
Desmostachya bipinnata 50

Endoconidium temulentum 8
Epilobium hirsutum 13, 14, 15, 17, 19

Ferula gummosa 30, 31
Ficus carica 39, 40
Ficus sycomorus 24, 38, 40, 53

Gossypium herbaceum 23

Helichrysum stoechas 15, 17, 19
Hordeum vulgare 32, 33, 34, 35
Hyphaene thebaica 24, 36, 37

Juncus rigidus 50, 51
Juniperus oxycedrus 29, 30

Lactuca sativa 22
Lagenaria sinceraria 45
Lathyrus hirsutus 48
Lawsonia inermis 15, 16, 17, 18, 19
Lens culinaris 35
Lepidium sativum 30, 31
Linum usitatissimum 26, 28, 43, 44, 49, 52
Lolium temulentum 48, 49
Lotus spec. 48
Lupinus digitatus 48
Lupinus termis 35
Lychnis coelirosa 15, 17, 18, 19

Maerua crassifolia   39, 41
Majorana hortensis   15, 17, 18, 19
Matricaria recutita   49
Medemia argun   36, 37, 38
Medicago polymorpha   48
Melilotus indica   22
Mentha spec.   10, 13, 14
Mimusops schimperi   3, 4, 7, 9, 12, 13, 14, 15, 16,
   18, 22, 23, 24, 25, 39, 41
Moringa peregrina   27, 28
Myrtus communis   15, 19, 23, 24, 30, 31

Narcissus tazetta   9, 13
Nelumbo nucifera   15, 17, 19
Nigella sativa   30, 31
Nymphaea coerulea   4, 7, 9, 10, 12, 13, 14, 15, 16,
   18, 22
Nymphaea lotus   4, 7, 9, 22

Olea europaea   3, 13, 23, 24, 27, 28

Pankratium   12
Papaver rhoeas   4, 12, 22
Phalaris paradoxa   49
Phoenix dactylifera   3, 4, 5, 13, 14, 15, 20, 22, 23,
   35, 36, 37, 50, 53, 54
Phragmites australis   50, 51
Picris asplenioides   12
Pinus pinea   43, 44
Piper nigrum   30
Polygonum senegalense   54
Prunus amygdalus   27, 28, 43, 44
Prunus armeniaca   40
Prunus cerasus   40, 41
Prunus persica   40
Pseudevernia furfuracea   29, 31
Punica granatum   13, 14, 15, 19, 20, 38, 39, 41

Pyrus communis   40

Ricinus communis   26, 28
Rosa richardii   15, 17, 18, 19, 20
Rumex dentatus   49

Salix subserrata   3, 6, 10, 12, 13, 15, 19, 23, 24
Sapindus emarginatus   30, 31
Scirpus inclinatus   15, 16, 17
Scorpiurus muricatus   48
Senecio spec.   15, 16, 19, 49
Sesamum indicum   27
Sesbania sesban   4, 7, 15, 17
Sinapis allionii   49
Sorghum bicolor   33, 34
Sorbus domestica   40
Sphaeranthus suaveolens   49

Tamarix nilotica   23, 25, 50, 51
Trachyspermum ammi   30, 31
Trigonella foenum graecum   35
Triticum dicoccum   25, 32, 33, 35, 48, 49
Triticum durum   33, 34
Triticum sativum   33

Vicia spec.   48
Vicia ervilia   35
Vicia faba   33, 35
Vicia narbonensis   48
Vigna unguiculata   33, 35
Vitis vinifera   15, 17, 18, 19, 22, 24, 38, 40, 53

Withania somnifera   15, 17, 18, 19

Zizyphus spina christi   38, 40

Deutsche Pflanzennamen

Ägyptisches Halfagras   50
Ajowankümmel   30
Akazie   4, 6, 7, 15, 16, 18, 46, 47
Aprikose   40
Argunpalme   36, 37, 38

Bartgras   30
Baumwolle   23

Birne   40
Bockshornklee   35

Christdorn   38, 40
Chrysantheme   4, 10, 13, 14, 15, 16, 17, 18, 22

Dattelpalme   3, 4, 5, 13, 14, 15, 20, 22, 23, 25, 36,
   37, 42, 46, 50, 53, 54

Dill 10, 13
Dumpalme 24, 36, 37
Durra 33

Emmer 25, 32, 33, 35, 48, 49
Erdmandel 26, 27, 43, 44

Feige 39, 40
Flachs s. u. Lein
Flaschenkürbis 45

Gartenkresse 30, 31
Gerste 32, 33, 34, 35
Granatapfel 13, 14, 15, 19, 20, 38, 39, 41
Greiskraut 15, 16, 19, 49

Hartweizen 33, 34
Haselnuß 43, 44
Henna 15, 16, 17, 18, 19
Hahnenkamm 15, 16, 18, 19

Johannisbrotbaum 23, 24

Kichererbse 35
Knoblauch 42, 43
Koloquinthe 9
Koriander 30, 31
Kornblume 3, 4, 10, 12, 13, 14, 22
Kronwucherblume s. u. Chrysantheme
Küchenzwiebel 13, 42, 43

Langbohne 33, 35
Lattich 22
Lein 26, 28, 43, 44, 49, 52
Lichtnelke 15, 17, 18, 19
Linse 35
Linsenwicke 35
Lotus (= Seerose) 4, 7, 9, 10, 12, 13, 14, 15, 16,
    18, 21, 22, 29
Lupine 35, 48

Majoran 15, 16, 17, 18, 19
Mandel 27, 28, 43, 44
Meertraubenkraut 15, 19
Melone 39
Mohn 4, 12, 22

Moringaölbaum 27, 28, 33
Myrrhe 30, 31
Myrte 15, 16, 19, 23, 24, 30, 31

Ölbaum 3, 13, 14, 16, 22, 23, 24, 27, 28

Papyrus 15, 16, 18, 21, 22, 23, 24, 50, 51
Paternostererbse 53
Persea s. u. Mimusops schimperi
Pfeffer 9, 29, 30
Pfefferminze 10, 13, 14
Pfirsich 40
Pinie 43, 44
Porree 42

Rittersporn 4, 7
Rizinus ·26, 28
Rose 15, 16, 17, 18, 19, 20

Saatweizen 33
Saflor 4, 7, 27, 28
Saubohne 33, 35
Sauerkirsche 40, 41
Schopflavendel-Immortelle 15, 16, 17, 19
Schwarzkümmel 30, 31
Seerose s. u. Lotus
Seifenbaum 30
Sellerie 10, 13, 14
Sesam 27, 33
Speierling 40
Steinklee 22
Stockrose 4, 6, 7
Straucherbse 35
Sykomore 8, 23, 24, 38, 39, 40, 46, 53

Tamariske 23, 25, 50, 51
Tazette 9, 13

Wacholder 29, 30
Wassermelone 10, 43, 44
Weide 3, 6, 7, 10, 12, 13, 14, 15, 19, 23, 24
Wein 15, 17, 18, 19, 22, 23, 24, 38, 39, 40, 53
Winde 22, 25

Zitronat-Zitrone 15, 20
Zottiges Weidenröschen 13, 14, 15, 17, 19

Inventar-Nummern

Äg.M. Nr.	Seite	Äg.M. Nr.	Seite	Äg.M. Nr.	Seite
744*	37	3359 (SMPK)	18	7024 (SMPK)	40
745 (SMPK)	27, 37, 40	3360*	20	7026 (SMPK)	40
745*	41	3361 (SMPK)	37	7027 (SMPK)	24
757*	37	3362 (SMPK)	41	7028*	43
1180 (SMPK)	30	3363 (SMPK)	41	7406 (SMPK)	45
1313 (SMPK)	41	3364 (SMPK)	40	7410*	27
1314 (SMPK)	41	3365 (SMPK)	40	7411 (SMPK)	38
1315 (SMPK)	41	3366 (SMPK)	44	7412 (SMPK)	25
1316 (SMPK)	41	3367 (SMPK)	44	7801 (SMPK)	54
1332 (SMPK)	37	3368 (SMPK)	34	8268 (SMPK)	57
1333*	37	3369 (SMPK)	27	8474*	14
1361 (SMPK)	27	3370 (SMPK)	27	8475*	14
1392 (SMPK)	40, 41	3371 (SMPK)	40	8476 (SMZB)	13
1421 (SMPK)	41	3372 (SMPK)	40	8477*	9
1833*	38	3373 (SMPK)	40	8478*	9
3069 (SMPK)	34	3374*	31	8479*	9
3326 (SMPK)	23	3375*	27	8480*	9
3327 (SMZB)	17	3376 (SMPK)	38	8481*	12
3329 (SMPK)	17	3377 (SMPK)	27	8482*	9, 12
3330*	20	3378*	34	8483*	12
3331 (SMPK)	31	3379 (SMPK)	41	8484*	7
3333 (SMPK)	17	4719*	23	8485*	7
3334*	17	4720*	23	8486 (SMZB)	14
3335 (SMPK)	24	6936 (SMPK)	24	8487*	12
3336*	19	6997 (SMPK)	31	8488 (SMZB)	16
3337 (SMPK)	50	6998 (SMPK)	41	8490 (SMZB)	16
3338 (SMPK)	24	6999*	37	9686*	24
3339 (SMPK)	24	7000 (SMPK)	41	9687*	42, 43
3340*	19	7001 (SMPK)	31	9688*	23
3342 (SMPK)	17	7002 (SMPK)	37	9689 (SMZB)	24
3343*	18	7003 (SMPK)	37	9690*	24
3344 (SMPK)	17	7004 (SMPK)	40	9691*	14
3345 (SMPK)	17	7005 (SMPK)	38	9692*	24
3346 (SMZB)	19	7006 (SMPK)	27	9693*	14
3347 (SMPK)	17	7007 (SMPK)	28	9911*	24
3348*	20	7008 (SMPK)	41	9919 (SMPK)	9
3351 (SMZB)	18	7009 (SMPK)	27	10841*	23
3350 (SMZB)	18	7010 (SMPK)	34	10842*	23
3352 (SMPK)	18	7011 (SMPK)	34	10982*	10
3353 (SMPK)	17	7011 (SMZB)	34	10982a*	9
3354 (SMPK)	40	7019 (SMZB)	57	11084*	44
3355 (SMPK)	40	7020 (SMPK)	30	11102 (SMPK)	37
3356 (SMPK)	40	7021 (SMPK)	31	11102 (SMZB)	37
3357 (SMPK)	34	7022 (SMPK)	44	11105*	43
3358*	34	7023 (SMPK)	47	11742*	20

Äg.M. Nr.	Seite	Äg.M. Nr.	Seite	Äg.M. Nr.	Seite
11990 (SMPK)	10, 14	14755 (SMPK)	38	19542*	18
11991*	14	14895*	24	19543*	17
11992 (SMPK)	14	14896*	17	19544*	19
11993*	14	14898 (SMZB)	40	19545*	20
11994 (SMPK)	14	14899 (SMZB)	40	19546*	16
12398*	23	14902*	40	20165*	16
12399*	51	15537*	40	20166*	16
12400*	23	16193 (SMPK)	34	20167*	16
12401*	24	16223 (SMPK)	28	20168 (SMPK)	47
12402*	43	16224 (SMPK)	41	20169*	47
12403*	20	16755 (SMPK)	40	20170*	37
12404*	51	16768 (SMPK)	44	20178*	57
12405*	51	16769 (SMPK)	28	20198*	31
12406*	51	16826 (SMPK)	44	20207*	30
12407*	42, 43	16878*	41	20210*	38
12408*	42, 43	17177 (SMPK)	20	20214*	53
14153 (SMPK)	27	17263*	17	20235*	27
14154*	19	17264*	17	20257*	53
14155*	18	17265*	17	20280 (SMPK)	53
14156*	17	17266*	18	20292*	24
14212 (SMPK)	31	17267*	18	21500*	57
14214*	18	17268*	18	21521*	34
14215 (SMZB)	19	17269*	17	21526 (SMPK)	37
14216*	17	17270*	18	21527 (SMPK)	40
14217 (SMZB)	8	17385 (SMPK)	41	21528 (SMPK)	40
14269 (SMZB)	17	17609*	16	21530 (SMPK)	41
14270*	25	17610*	16	21531 (SMPK)	40
14271 (SMPK)	17	17611*	18	21532 (SMPK)	44
14272*	17	17612 (SMZB)	17	21533 (SMPK)	47
14273 (SMPK)	17	17613 (SMZB)	17	21534*	41
14274*	24	17614*	17	21535 (SMPK)	37, 38
14275*	17	17615 (SMZB)	17	21537 (SMPK)	41
14276 (SMPK)	17	17775*	54	21827*	16
14537 (SMPK)	38	18922*	44	23894 (SMPK)	53
14597*	38	19096 (SMZB)	53	23902*	41
14603 (SMZB)	27, 47	19538*	19	23981 (SMPK)	34
14655 (SMPK)	34	19539*	19	23980 (SMPK)	24
14656 (SMPK)	34	19540*	17	23983 (SMPK)	27, 37, 41
14694 (SMPK)	27, 37, 40	19541*	18	23983*	37

S. Schw. Nr.	Seite	S. Schw. Nr.	Seite	S. Schw. Nr.	Seite
1	53	5	45	9	47
2	47	6	47	10	47
3	47	7	47	11	16
4	47	8	47	12	47

S. Schw. Nr.	Seite	S. Schw. Nr.	Seite	S. Schw. Nr.	Seite
13	16	62	27	119	34
14	41, 43	63	19	120	34
15	19	64	27	121	34
16	28	65	50	122	28, 34, 35, 49
17	31	66	27	123	34
18	49	67	51	126	34
19	49	68	49	127	34
20	49	69	49	128	50
21	49	70	44	129	57
22	10	72	14	130	24
23	14	73	17	131	37
24	27	74	17	132	38
25	27	75	17	133	37
26	27	76	50	134	38
27	27	77	40	135	37
28	27	78	40	136	56
29	27	79	40	136a	55
30	27	80	40	136b	55
32a	35	81	40	136c	51
32b	35	82	53	136e	55
33	28	83	40	137	56
34	28	84	53	138	56
35	31	85	40	139	56
36	12	86	40	139a	55
37	14	87	24	140	55
38	12	88	24	141	57
39	14	89	24	142	55
40	51	90	40	143	55
41	24	91	40	144	55
42	16	91a	24	145a	55
43	17	92	31	145b	55
44	44	103	27, 30, 34, 37, 38, 41, 44	145c	55
45	44			146	56
46	44	104	34	147	56
47	20	105	34	148	30
48	25	106	34	149	30
49	8	107	34	150	30
50	41	108	34	151	30
51	41	109	34	152	30
52	24	110	34	153	30
53	24	111	34	154	30
54	12	112	34	155	51
57	51	113	34	156	51
58	27	114	34	157	30
59	27	115	34	158	48
60	27	116	34	159	17
61	27	118	34	160	17

S. Schw. Nr.	Seite	S. Schw. Nr.	Seite	S. Schw. Nr.	Seite
161	17	208	41	255	10
162	35	209	41	256	14
163	35	210	41	257	14
164	44	211	41	258	9
165	44	212	41	259	9
166	44	213	41	260	16
167	44	214	56	261	24
168	44	215	25	262	28
169	44	216	18	263	14
170	44	217	18	264	16
171	44	218	18	265	28
172	52	219	8	266	14
173	52	220	14	267	28
174	52	221	13	268	23
175	52	222	14	269	19
176	52	223	16	270	19
177	52	224	7	271	24
178	52	225	13	272	51
179	52	226	13	273	31
180	52	227	18	274	49
181	52	228	18	275	49
182	52	229	9	276	49
183	49	230	9	277	50
184	49	231	13	278	37
185	49	232	23	279	37
186	49	233	7	280	37
187	49	234	16	281	37
188	49	235	16	282	53, 54
189	49	236	14	283	51
190	48	237	14	283 a	37, 38
191	35	238	9	284	51
192	35	239	19	285	51
193	17	240	19	286	44
194	17	241	20	287	44
195	41	242	18	288	54
196	49	243	18	289	20
197	38	244	18	290	14
198	48	245	17	291	41
199	48	246	19	292	51
200	56	247	19	293	51
201	41	248	12	294	23
202	41	249	7	296	28
203	41	250	6	297	28
204	56	251	17	298	17
205	56	252	17	299	17
206	41	253	17	300	49
207	41	254	17	301	24

S. Schw. Nr.	Seite	S. Schw. Nr.	Seite	S. Schw. Nr.	Seite
302	24	334	34	369	34, 48
303	48	335	34	370	10
304	7	336	34	371	48
305	17	337	34	372	28
306	49	338	34	373	49
307	49	339	34	374	50
308	34	340	34	376	18
309	34	341	34	378	41
310	34	343	25	379	49
311	34	344	55	380	28
312	34	345	55	380a	31
313	34	347	40	380c	54
314	34	348	40	380d	41
315	34	349	24	380e	28
316	34	350	24	380g	47
317	34	351	40	380h	31
318	34	352	24	380i	41
319	34	353	24	380j	57
320	55	354	40	380k	51
321	34	355	40	381	49
322	34	356	40	382	40
323	34	357	12	383	41
324	34	358	17	384	48
325	33	360	40	385	35
326	34	361	40	386	48
327	34	362	40	387	35
328	34	363	40	388	44
329	34	364	40	389	44
330	34	365	40	390	49
331	34	366	40	391	31
332	34	367	49	392	58
333	34	368	48		

ABBILDUNGEN

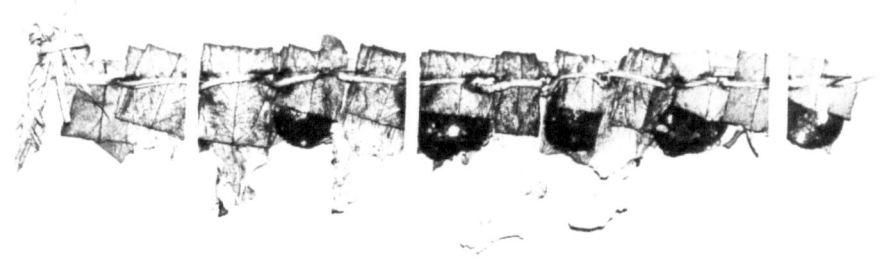

Abb. 1 Girlandenstück von der Mumie des Ahmose, S. Schw. Nr. 250

Abb. 2 Girlandenstück von der Mumie Amenophis' I., S. Schw. Nr. 224

Abb. 3 Nymphaea coerulea Sav. Blüte von der Mumie Sethos' I., S. Schw. Nr. 258

Abb. 4 Girlandenstück von der Mumie des Ḏd-Ḏḥwtj-f-anch, S. Schw. Nr. 222

Zweige von Conyza Dioscoridis Df. vom Sarge Amenophis II
(XVIII.e Dynastie 1550 v. Chr.)

Abb. 5, S. Schw. Nr. 49

Zweige von Anethum graveolens L.

Abb. 6, S. Schw. Nr. 22

Blätter und Blüthen von Apium graveolens L. einem aus dieser
gebildeten Gewinde entnommen, das am Halse der Mumie eines
Privatmannes mit Namen Bent, XX.e Dynastie angebracht
war. Gefunden 1885 in einem Grabe zu Schech el Qurna (Theben)

Abb. 7, S. Schw. Nr. 23

Abb. 8 Mentha spec., S. Schw. Nr. 236

Abb. 9 Scirpus inclinatus Gewinde mit Withania somnifera Beeren, Äg. M. Nr. 3329
(SMPK)

Abb. 10 Celosia argentea Gewinde, Äg. M. Nr. 3342 (SMPK)

Blätter von *Citrus medica* Risso aus dem Kranze der Leukyone
heidnisches Grab des III ten Jahrh. nach Chr.
gef. in der Necropole von *Antinoe*, 1903 ... Gayet

Abb. 11, S. Schw. Nr. 47

Abb. 12 Epilobium hirsutum, S. Schw. Nr. 73

Abb. 13 Lychnis coelirosa, S. Schw. Nr. 193

Abb. 14 Majorana hortensis, S. Schw. Nr. 270

Abb. 15 Nelumbo nucifera, S. Schw. Nr. 252

Abb. 16 Nelumbo nucifera, S. Schw. Nr. 251

Abb. 17 Rosa richardii, Äg. M. Nr. 3329 (SMPK)

Abb. 18 Acacia seyal, S. Schw. Nr. 13

Abb. 19 Ambrosia maritima, S. Schw. Nr. 15

Abb. 20 Gewinde mit Myrtus, Senecio,
Epilobium, S. Schw. Nr. 241

Abb. 21 Gewinde mit Nelumbo, Lawsonia,
Withania, S. Schw. Nr. 240

Abb. 22 Olea europaea L., S.Schw. Nr. 271   Abb. 23 Mimusops schimperi Hochst., S.Schw. 232

Abb. 24 Cordia myxa L., S.Schw. Nr. 53   Abb. 25 Vitis vinifera L., S.Schw. Nr. 349

Abb. 26 Cyperus esculentus, S.Schw. Nr. 62

Abb. 27 Balanites aegyptiaca, S.Schw. Nr. 24

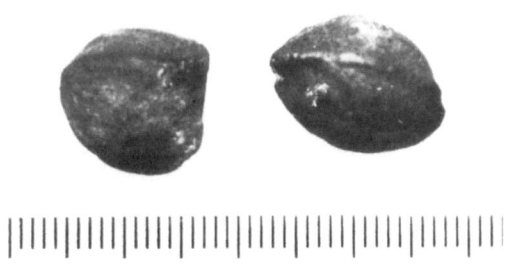

Abb. 28 Moringa peregrina, S.Schw. Nr. 380f

Abb. 29 Carthamus tinctorius, S.Schw. Nr. 33

Abb. 30 Olea europaea, S.Schw. Nr. 262

Abb. 31 Prunus amygdalus, S.Schw. Nr. 16

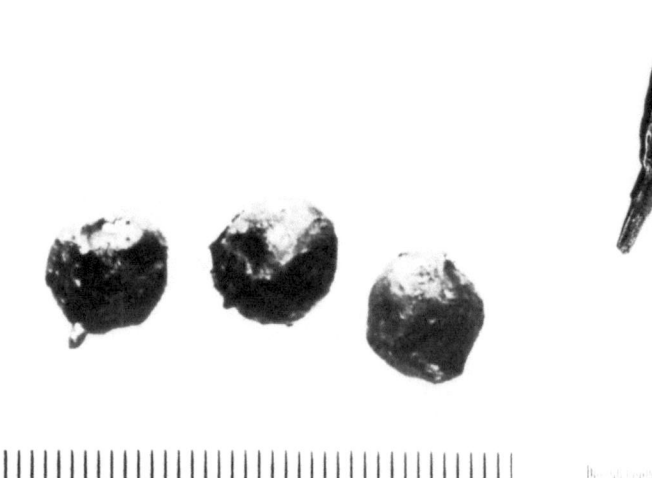

Abb. 32 Juniperus oxycedrus, S.Schw. Nr. 149

Abb. 33 Cyperus spec., Äg.M. Nr. 1180 (SMPK)

Abb. 34 Pseudevernia furfuracea, S.Schw. Nr. 273

Abb. 35 Commiphora opobalsamum, Äg.M. Nr. 7001
(SMPK)

Abb. 36 Ferula gommosa, S.Schw. Nr. 92

Abb. 37 Sapindus emarginatus, Äg.M. Nr. 7021 (SMPK)

Abb. 39 Triticum dicoccum, S. Schw. Nr. 312

Abb. 40 Triticum dicoccum, S. Schw. Nr. 309

Abb. 38 Sorghum bicolor Halm, Länge 45,8 cm,
Äg. M. Nr. 20664, Foto, Äg. M. (SMPK)

Abb. 41 Hordeum vulgare, S. Schw. Nr. 118

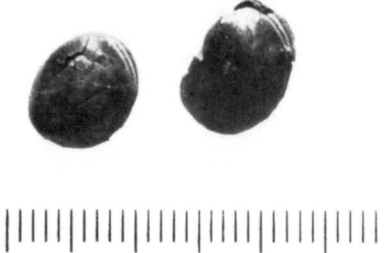

Abb. 42 Vivia faba, S. Schw. Nr. 32b

Abb. 43 Lupinus termis, S. Schw. Nr. 191

Abb. 44 Cajanus cajan, S. Schw. Nr. 32a

Abb. 45 Phoenix dactylifera, S. Schw. Nr. 279

Abb. 46 Hyphaene thebaica
S. Schw. Nr. 135, Länge 7,5 cm

Abb. 47 Medemia argun, S. Schw. Nr. 134,
Länge 4,2 cm

Abb. 48 Ficus sycomorus, S. Schw. Nr. 77

Abb. 49 Balanites aegyptiaca, S. Schw. Nr. 24

Abb. 50 Mimusops schimperi, S. Schw. Nr. 201

Abb. 51 Cordia sinensis, S. Schw. Nr. 51

Abb. 52 Maerua crassifolia, S. Schw. Nr. 195

Abb. 53 Cocculus pendulus, Äg. M. Nr. 3379
(SMPK)

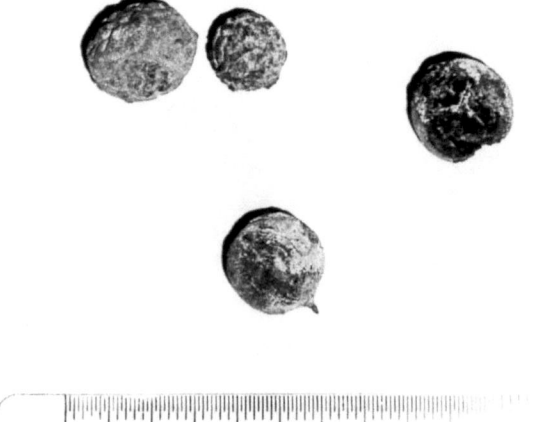

Abb. 54 Zizyphus spina christi, Äg. M. Nr. 17385
(SMPK)

Abb. 55 Allium sativum, S. Schw. Nr. 14

Abb. 56 Linum usitatissimum, S. Schw. Nr. 164

Abb. 57 Citrullus lanatus, S. Schw. Nr. 45

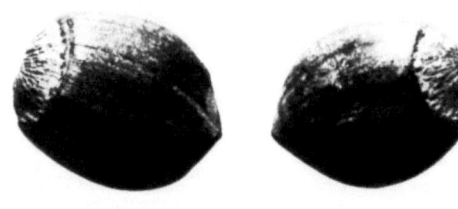

Abb. 58 Pinus pinea, S. Schw. Nr. 287

Abb. 59 Corylus avellana, S. Schw. Nr. 70

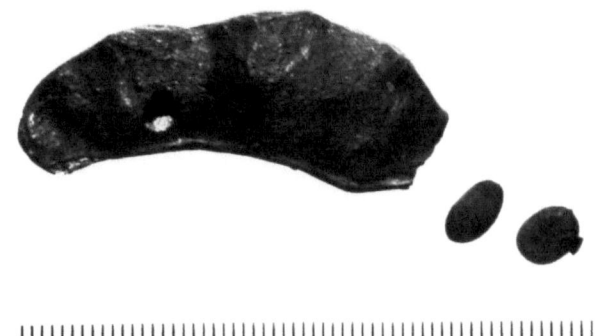

Abb. 60 Acacia nilotica, S. Schw. Nr. 9

Abb. 61 Acacia albida, S. Schw. Nr. 2

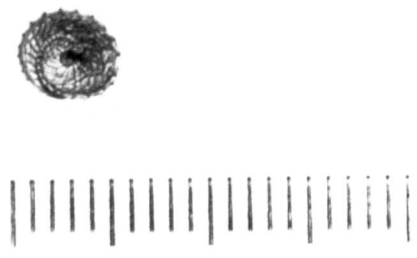

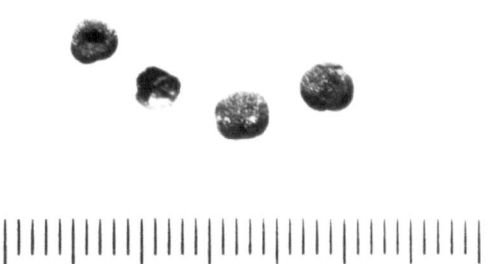

Abb. 62 Medicago polymorpha,
S. Schw. Nr. 369

Abb. 63 Lathyrus hirsutus, S. Schw. Nr. 158

Abb. 64 Lupinus digitatus, S. Schw. Nr. 190

Abb. 65 Scorpiurus muricatus, S. Schw. Nr. 303

Abb. 66 Anthemis retusa, S.Schw. Nr. 19

Abb. 67 Matricaria recutita, S.Schw. Nr. 196

Abb. 68 Rumex dentatus, S.Schw. Nr. 300

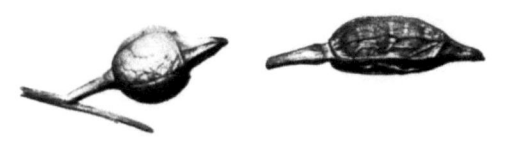

Abb. 69 Sinapis allionii, S.Schw. Nr. 306

Abb. 70 Lolium temulentum, S.Schw. Nr. 183

Abb. 71 Phalaris paradoxa, S.Schw. Nr. 276

Abb. 72 Cyperus rotundus, S. Schw. Nr. 69

Abb. 73 Cyperus longus?, S. Schw. Nr. 367

Abb. 74 Desmostachya bipinnata, S. Schw. Nr. 65
12,2 × 8,7 cm

Abb. 75 Ceruana pratensis, S. Schw. Nr. 40

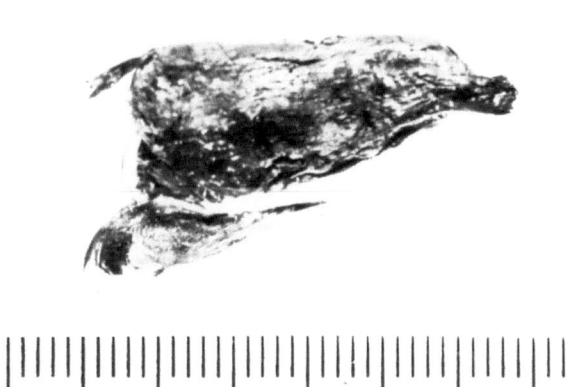

Abb. 76 Calotropis procera, S. Schw. Nr. 380 k

Abb. 77 Linum usitatissimum, S. Schw. Nr. 174

Abb. 78 Abrus precatorius, S. Schw. Nr. 1

Abb. 79 Ficus sycomorus, S. Schw. Nr. 82

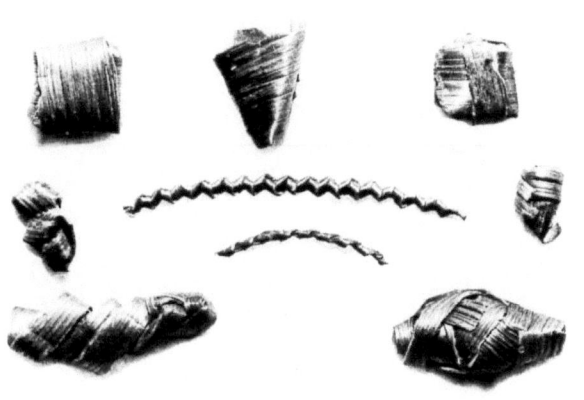

Abb. 80 Blattstreifen einer Gramineae, Äg. M. Nr. 20280

Abb. 81 Phoenix dactylifera, Äg. M. Nr. 7801 (SMPK)

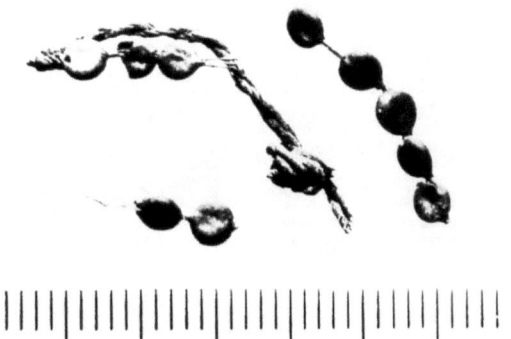

Abb. 82 Polygonum senegalense, S. Schw. Nr. 288

Abb. 83 Cordia myxa, S. Schw. Nr. 380c